오십을 처음 겪는
당신에게

아직 하고 싶은 게 많은 나이

오십을 처음 겪는 당신에게

한창욱 지음

스몰빅라이프
SMALLBIC LIFE

오십, 무엇을 하기에도
아직 늦지 않은 나이

K의 꿈은 화가였다. 학창 시절, 전국 사생대회에서 대상을 받을 정도로 실력이 출중했다. 그는 미대에 진학하고 싶었으나 부모님은 남자가 무슨 그림이냐며 판검사가 되기를 원했다. 결국 부모님 뜻대로 법대에 진학했지만, 사법고시라는 높은 벽은 끝내 넘지 못했다.

서른두 살이라는 늦은 나이에 대기업에 입사했다. 출발이 늦은 만큼 분발이 필요하다고 생각하여 밤낮을 가리지 않고 일했다. 나의 자유보다는 회사가 항상 먼저였다. 그것이 나를 위한 일이라 생각했기 때문이다. 집과 회사를 오가는 사이, 속절없이 23년이라는 세월이 지나갔다.

구조조정으로 인해 회사가 시끄러웠다. 소문으로 떠도는 살

생부에는 그의 이름도 올라 있었다.

동료들과 술을 한잔하고 귀가하는 길, 그는 창문에 비친 자신의 모습을 오래도록 바라보았다. 생기 넘치던 두 눈은 벌겋게 충혈되었고, 뭐든지 할 수 있을 것 같았던 자신감은 어디에서도 찾아볼 수 없었다. 그저 평범한 중년 남자가 엇비스듬히 서 있을 뿐이었다. 어떻게든 살아보겠다고 발버둥 치는 사이 모든 것이 바뀌었다.

'좋았던 시절은 다 갔구나! 초라하게 버티지 말고, 정리하자.'

그는 55세에 희망퇴직을 했다. 대학생인 아들만 서울에 남겨두고 아내와 함께 고향으로 내려갔다. 부모가 살던 집을 개조해서, 소일거리삼아 밭농사를 지으며 지냈다. 비록 월급쟁이였지만 아내가 재테크를 잘해 놓아서, 경제적으로 큰 어려움은 없었다. 남의 옷을 빌려 입은 것처럼 어색하고 무료했던 시골생활도 차차 적응이 되었다.

그렇게 몇 년이 지난 어느 날, 함께 퇴직했던 L이 화가가 되어서 인사동 화랑에서 첫 전시회를 연다는 소식이 들려왔다. 그는 옛 동료도 만날 겸 모처럼 상경했다. 전시된 그림을 둘러보고 있으니 화가를 꿈꾸던 학창 시절의 추억들이 주낙에 걸린 물고기처럼 연이어 떠올랐다.

뒤풀이 자리에서 구매부장에서 화가가 된 그에게 물었다.

"원래 그림을 전공했었어?"

"아냐. 내가 그림은 무슨, 퇴직하고 나서부터 시작했어."

"그게 가능해?"

깜짝 놀라서 묻자, L이 미소를 지으며 그의 어깨를 다독거렸다.

"해보니 꿈을 이루기에 늦은 나이란 없더라고. 자네도 꿈이 있으면 지금부터라도 시작해. 절대 늦지 않았으니까!"

순간, 뒤통수를 얻어맞은 듯 멍해졌다. 인생을 잘못 산 것만 같은 착잡한 기분이 들어 연거푸 술만 들이켰다. 결국 만취한 그는 인사동 거리에 퍼질러 앉아 목 놓아 통곡했다. 후반생을 포기하고 살았던 자신의 어리석었던 선택을 후회하며.

4차 산업혁명 시대를 이끌고 갈 화두 중의 하나는 '장수'다. 의학기술의 발달, 공중위생과 영양 개선에 힘입어서 인간의 수명은 꾸준히 늘어나고 있다. 거기다 AI(인공지능)와 바이오, 디지털 헬스케어의 합류로 이제는 인간이 얼마나 오래 살지 예측이 힘들 정도다.

그렇다면 인간은 과연 몇 살까지 살 수 있을까? 하버드대학교 의과대학 블라바트닉연구소 유전학 교수인 데이비드 싱클레어 교수는 《노화의 종말》이라는 책에서 '노화는 치료할 수 있는 질병에 불과하다'고 주장한다. 그는 장수 유전자, 장수 물질, 장수 기술 등을 모두 고려해서 보수적으로 계산해도 113세까지는 살 수 있을 것으로 추산했으며, 여러 조건이 맞으면 150세까지도 살 수 있다고 주장했다.

과학적으로 규명하기에는 시간이 걸리겠지만 '100세 시대'인 것만은 분명하다. 문제는 그에 대한 준비를 얼마만큼 하고 있느냐는 것이다. 100세 시대는 인류가 한 번도 경험해 보지 못한 신세계다. 그렇다면 '나는 과연 100세 시대에 적합한 마인드를 갖추고 있는가?'에 대해서 자문해 볼 필요가 있다.

많은 사람들이 나이가 들면 스스로를 '한물간 퇴물'로 판단해, 새로운 꿈이나 도전 자체를 불가능하다고 생각한다. 특히 나이 오십이 되고 나면 그런 생각이 급격하게 강해진다. 예전 같지 않은 신체 능력과 건강 상태, 지금껏 누렸던 사회적 지위나 경제적 상황의 변화, 가족을 포함한 인간관계에 대한 어려움 등으로 오십이 넘으면 인생을 서서히 정리해야 한다고 생각하는 사람들이 대부분이다.

하지만 나이 오십은 100세 시대를 살아가고 있는 우리에게는 아직 절반에 불과하다. 살아온 세월만큼 더 살 수도 있다.

그것도 전반생과는 달리 보다 성숙한 인간으로 살아갈 수 있으니, 이보다 좋은 일이 어디 있겠는가.

나이를 먹으면 신체적 능력은 떨어지지만 정신적 능력은 상승한다. 복잡한 상황 속에서도 감정을 적절히 조절할 수 있고, 아이디어를 종합하거나 서로 다른 문제들을 연결해서 해결하는 능력도 좋아진다. 비록 알고 있던 지식을 일부 잊어버려 젊을 때보다 덜 똑똑할지 모르지만, 지금껏 쌓아온 경험을 바탕으로 지혜롭고 현명한 판단을 내릴 수 있다. 미국이나 영국 등에서 교수의 정년 자체를 없앤 이유도 이와 무관하지 않다.

축구로 친다면 오십 살 이전까지는 전반전이고 오십 살 이후는 후반전인 셈이다. 후반전의 전략을 어떻게 세우느냐에 따라 전반전의 우세를 굳힐 수도 있고, 실수를 만회하여 승부를 뒤집는 짜릿한 역전을 맛볼 수도 있다.

50대는 꿈꾸고 도전할 때지, 삶을 정리할 때가 아니다. 일에 대한 부담감이나 자식에 대한 부양 의무에서도 일정 부분 벗어나게 됨으로써, 전반생보다 자유로운 삶을 살 수 있다. 전반생에서 못 이룬 꿈을 이루거나, 용기나 시간이 없어서 차일피일 미루어 두었던 것들에 도전하기에 이보다 좋은 시기가 어디 있겠는가.

물론 경제적으로 여유가 있다면 선택의 폭 또한 넓어지겠지만, 그렇지 않더라도 실망하거나 좌절할 필요는 없다. 지금부터라도 실천 가능한 계획을 세우고 하나씩 준비해 나가면, 얼마든지 원하는 후반생을 살 수 있다.

이 책은 '100세 시대'를 풍요롭고 행복하게 살기 위한 50대의 모습을 구체적으로 다루고 있다. 나를 위한 후반생을 살기 위해서는 어떤 마음가짐이 필요하며, 무엇을 준비하고 현실적으로 어떻게 바꾸어 나가야 하는지 실천 가능한 것들을 제시하고 있다.

오십이란 나이가 막막하고 불안하게만 느껴지는 40대와 어떻게 후반생을 살아야 할지 몰라 갈팡질팡하고 있는 50대에게, 성공적인 인생 스토리를 짜기 위한 통찰력과 지혜가 담겨있는 이 책의 일독을 권한다.

먼 훗날 돌아보아도, 청춘 못지않은 아름다운 후반생이기를!

한창욱

차례

제1장

"세상에서 가장 중요한 일은 어떻게 하면 내가 완전히
내 자신의 주인이 될 수 있는지를 아는 것이다."

몽테뉴 《명상록》

오십, 인생의 새로운 출발선

좋은 어른으로 산다는 것

—

"너희들은 걔 안 불쌍하냐? 경직된 인간들은 다 불쌍해.
살아온 날들을 말해 주잖아.
상처받은 아이들은 너무 일찍 커버려. 그게 보여. 그래서 불쌍해."
드라마 〈나의 아저씨〉 중에서

　나는 TV드라마를 정규 방송을 통해서 보는 경우는 드물다. 대신 딸아이가 추천하거나 다수가 추천하는 드라마를 한꺼번에 몰아서 보는 편이다. 딸아이와의 정신적인 교류나 대화를 위해서, 혹은 세상의 흐름을 놓치지 않기 위한 목적이다.

　2018년 tvN에서 방영되었던 〈나의 아저씨〉는 '인생 드라마'였다는 다수의 추천으로 보기 시작했다. 더욱이 내가 좋아하는 가수인 아이유가 주연으로 나오는 드라마여서 더욱 흥미롭게 보았다.

　어른이 되면 자신의 말과 행동에 책임을 질 수 있는 위치에 놓이게 된다. 그로 인한 스트레스도 적지 않지만 한편으로는

'힘'을 갖게 된다는 의미이기도 해서 편리한 점도 많다.

드라마는 동훈(이선균 분)이라는 평범한 인물을 통해서, 어떻게 살아야 하는지 알면서도 '사는 게 바쁘다'는 이유로 애써 외면해 왔던 올바른 어른의 모습을 보여 준다.

가난하고 어려운 환경에 처한 파견직 아르바이트생인 지안(아이유 분)에게 측은지심을 느끼고, 힘이 닿는 데까지 도와주려고 노력하는 동훈을 보면서 우리는 '어른답게 산다는 것'의 의미에 대해서 곰곰이 생각하게 된다.

아마도 이 드라마를 다수가 추천한 이유 중의 하나는 '마음의 빚' 때문이 아닐까 싶다. 현실의 버거움을 핑계로 어른으로서의 역할을 제대로 하고 살지 못하는 데서 느끼는 비애감이 뒤섞인 마음의 빚. 나 역시 마음의 빚을 안고서 드라마를 보았다.

40대 초반쯤 어린이날로 기억한다. 딸아이를 위해 놀이공원을 들렀다가 돌아오는 길에 패밀리 레스토랑을 찾았다. 놀이공원에서 수많은 인파에 시달리고, 돌아오는 길에는 차량 정체로 나는 이미 파김치가 된 상태였다. 그런데 레스토랑마저 길게 줄이 이어져 있었다.

우리 가족은 오랜 기다림 끝에 가까스로 자리를 잡았다. 그

러나 주문한 음식은 좀체 나오질 않았다. 쏟아지는 하품을 참
고 있는 사이, 우리보다 늦게 온 손님의 음식이 먼저 나왔다.
그 뒤로도 한참 뒤에야 음식이 나왔는데 우리가 주문한 음식
과 달랐다. 직원은 땀을 뻘뻘 흘리며 사과했지만 화가 치민
나는 직원에게 삿대질을 하며 잘못을 추궁했다.

식당을 박차고 나가려는데 아내가 붙들었다. 오늘 같은 날
은 다른 곳을 가도 사정이 마찬가지일 것 같아서 마지못한 척
주저앉았다.

음식이 나오기를 기다리다 보니 아랫배가 슬슬 아파왔다.
화장실도 역시 만원이었다. 다른 화장실을 찾다가 우연히
2층과 1층 계단 사이에서 점장에게 혼나고 있는 직원을 보았
다. 빨간 모자와 빨간 스웨터로 가려져 있었던 레스토랑 직원
의 본모습은 고등학생쯤 되어 보이는 앳된 소녀였다.

"대체 정신을 어디다 팔고 있는 거야? 그따위로 일하려면
당장 그만둬!"

점장이 한동안 꾸짖은 뒤 돌아서자, 소녀는 무너져 내리듯
충계에 쪼그리고 앉았고, 두 손바닥에 얼굴을 묻은 채 서러운
울음을 토했다. 나는 흐느끼는 울음소리를 들으며 소녀의 낡
은 운동화를 오래도록 바라보았다.

'딸아이도 보고 있었는데, 나는 왜 어른답게 처신하지 못했

18

을까? 그 아이는 진심으로 사과했고, 손님이 한꺼번에 몰리면서 빚어진 단순한 실수였을 뿐인데….'

아내와 딸은 피로했는지 집에 도착하자마자 곯아떨어졌다. 나는 좀처럼 잠이 오지 않아서 집 근처의 포장마차를 찾았다. 술에 취한 나는 인근 초등학교 운동장으로 갔고, 커다란 느티나무 아래서 하염없이 눈물을 흘렸다.

참혹했고, 부끄러웠다.

나의 어릴 적 꿈은 좋은 어른이 되는 것이었다. 내가 세 살 때 우리 가족은 상경했다. 서울의 변두리인 산동네에 자리를 잡았는데, 다들 가난 때문인지 어른다운 어른은 눈 씻고 찾아도 찾아볼 수가 없었다. 작은 것을 서로 차지하기 위해서 아귀다툼을 벌였고, 자신보다 힘이 약하다고 생각되면 주먹을 휘둘러서라도 빼앗아갔다. 여자나 어린아이라고 해서 봐주는 법도 없었다.

초등학교 운동장에 심어져 있던 커다란 느티나무를 보며, 나는 수시로 다짐하곤 했다. 내가 어른이 된다면 힘없는 사람들을 품어 줄 수 있는 좋은 어른이 되겠노라고.

인간은 실제보다 자신을 과대평가하는 경향이 있다. 나 역시도 스스로를 좋은 어른이라고 생각했는데, 순전히 착각이었다는 사실을 그날 깨달았다. 나의 소망과는 반대로 타인을 전혀 배려하지 못하고, 나의 이익과 편리만을 추구하는 형편 없는 속물이 되어 버렸다는 것을 말이다.

그날 이후로 나는 좋은 어른이 되기 위해서 의도적으로 노력했다. 물론 마더 테레사 같은 성인이 되려 했던 것은 아니고, 일상 속에서 할 수 있는 작은 것들을 실천해 나갔다.

내가 한 말에 책임지려 했고, 비난보다는 격려하려 했고, 균형적인 사고력을 갖추려 노력했고, 소문을 믿는 대신 그 안에 숨겨진 진실을 보려 했다. 또, 상대방을 배려하려 했고, 실수는 가능한 눈감아 주려 했고, 나의 잘못은 솔직히 인정하려 했고, 약자 앞에서 힘을 앞세우지 않으려 했고, 포용할 수 있는 것들은 최대한 포용하려 했다.

변호사이자 노예제 폐지론자였던 미국의 웬델 필립스는 "사람은 나이를 먹어가는 것이 아니라 좋은 포도주처럼 숙성되어 가는 것이다"라고 말했다.

〈나의 아저씨〉를 보면서 나는 100세 시대에 태어났음에 감사했다. 어른다운 어른으로 살아갈 수 있는 날들이 아직도 많이 남아 있음에.

온전히 나로 사는 법

"내가 만일 좀 더 일찍 날 위해서 살았다면
지금 나는 어떠한 모습으로 살아가고 있을까요.
내 마음대로 살아왔다면 나 정말 그렇게 살았다면
내가 없진 않았을 거야. 지금의 나완 다를 거야~"

2004년 〈미친 듯이 살고 싶다〉는 노래가 발표됐을 때 바비 킴은 30대 초반이었고, 나는 40대 초반이었다. MP3에 음원을 다운받아 틈만 나면 따라 부르곤 했는데, 사실 내가 따라 하고 싶었던 것은 노래가 아니라 가사와 같은 삶이었다.

불혹이 넘은 나이였고 내 인생인데도 내 마음대로 살 수 없었다. 초등학교 졸업반인 딸을 둔 아버지였고, 한 여인의 남편이요, 늙은 부모를 둔 자식이었다. 프리랜서 작가다 보니 시간을 잘게 쪼개가며 더 많은 일들을 해야 했다. 평일에는 밤낮없이 일했고, 주말이 되면 남들처럼 가족과 함께 자동차를 타고 야외로 나갔다. 귀갓길에는 차량 정체로 인해 거북이

걸음을 하는 차 안에서 쏟아지는 졸음을 참으며, 인생에 대해서 생각하곤 했다.

'나는 지금 어디로 가고 있는가? 누구를 위해서, 무엇을 위해서 살아가고 있는 걸까? 오로지 나 자신만을 위해서 살 수 있는 날이 과연 올까?'

그러다 오십이 되었을 때였을까. 공원에서 매미 울음소리를 듣다가 문득, 깨달았다. 매미의 울음소리나 인생이나 짧기는 거기서 거기라는 것을. 짧은 인생 중 이미 반생을 살아버렸으니, "내가 만일 좀 더 일찍…"이라는 말을 더 이상 해서는 안 된다는 것을.

그때부터 나는 작심하고 내 인생의 주인으로 살기 시작했다. 그렇게 살아보니 그동안 온갖 관념과 노예근성에 사로잡혀 있었다는 사실을 자각할 수 있었다. 거미줄처럼 사방에서 나를 붙들어 매고 있던 수많은 것들을 쳐내고 나니, 아니 애초부터 있지도 않았지만 있다고 착각했던 관념의 늪에서 벗어나고 나니, 몸도 마음도 그렇게 가벼울 수 없었다.

나는 비로소 '해야 할 자유'도 있지만 동시에 '하지 않을 자유'도 존재한다는 사실에 눈을 떴다. 그로 인해 내 인생과 내 사고의 영역이 두 배로 확장되었다.

유명 배우도 처음에는 조연으로 시작한다. 그러다 실력이 늘고 연륜도 쌓이면 주연을 맡게 된다. 인생도 별반 다르지 않다. 전반생을 조연으로 충실하게 살았다면 후반생은 주연으로 살자. 주연으로 산다는 것은 비로소 내 인생의 주인이 된다는 의미다. 지금까지 타인을 위해서 살아왔다면 이제는 나를 위해 살아가야 한다.

그 중심에는 '나의 행복'이 있다. 성공이나 명예, 돈과 같은 것이 행복을 가져다줄 것이라는 믿음은 사회가 만들어 낸 주입식 논리에 지나지 않는다. 그것들이 나에게 진정한 행복을 가져다주지 않는다는 것쯤은 이미 알고 있지 않는가.

하인은 시키면 무조건 해야 하지만 주인에게는 '하지 않을 자유'가 있다. 사람들이 아무리 좋다고 권유해도 내가 행복하지 않다면 거부할 자유가 있다.

미국의 소설가이자 시인인 크리스토퍼 몰리는 자신의 시 〈푸른 하늘이 시작되는 곳〉에서 "소신껏 사는 삶이야말로 단, 하나의 성공이다"라고 말한다.

인생의 주인이 되어야 휘둘리지 않고 소신껏 삶을 살 수 있다. 항상 무언가를 찾아서 허둥지둥 쫓아가는 삶이 아닌, 제자리에서 누리고 즐기는 삶을 살게 되는 것이다.

찬란하지 않아도 괜찮아

—

증권사 지점장이었던 R은 50대 초반에 희망퇴직을 했다. 퇴직 후에는 계약직으로 2년을 더 일했다. 계약을 더 연장할 수도 있었지만 새로운 마음으로 제2의 인생을 준비하기 위해서 증권계를 떠났다.

그는 괜찮은 일자리를 찾아 일단 이력서를 넣었다. 그러나 구조조정이 붐을 이뤄서 그런지 쟁쟁한 퇴직자가 워낙 많아 자신에게까지 차례가 올 것 같지 않았다. 예감은 틀리지 않았다. 그때까지만 해도 그는 여유로웠다. 20년 넘게 증권계에서 일한 경력을 필요로 하는 곳이 분명 있을 것이라 생각했다. 그렇게 일자리를 구하는 틈틈이 아내와 함께 여행도 다니고 하다 보니 어느새 3년이 훌쩍 지나가 버렸다.

조금씩 불안해지기 시작한 그는 남은 재산으로 일하지 않고 얼마나 버틸 수 있는지 계산해 보았다. 그런데 100세는커녕 70세까지 버티기도 힘겨운 실정이었다. 다시 일을 하긴 해야

겠는데, 문제는 자신의 경력을 활용할 마땅한 일자리가 보이지 않는다는 것이었다.

그는 이렇게 있어서는 안 되겠다는 생각 끝에 아예 직업에 대한 시각을 바꿔 보기로 했다. '하고 싶은 일'에 대한 미련을 과감히 버리고 자신이 '할 수 있는 일'을 찾기로 한 것이다. 그러자 여기저기에서 일거리가 보이기 시작했다.

증권계를 떠나서 처음으로 한 일은 하수구관을 파묻는 노동일이었다. 사무실을 찾아가니 소장이 이런 일을 해 본 경험이 있느냐고 물었다. 그는 "해 본 적은 없지만 충분히 할 수 있습니다"라며 강한 의지가 돋보이도록 힘주어 대답했다.

그는 현장에 배치되었고, 지방을 떠돌아다니며 일을 했다. 힘들었지만 처음 해 보는 일이라서 나름대로 재미도 있었다. 증권사에서 일할 때는 상상하지도 못했던 새로운 체험을 하고 나니 자신감이 생겼다.

그다음으로 한 일은 시에서 뽑는 봄철 산불예방 진화대원이었다. 2월 초부터 5월 중순까지만 일하는 기간제였다. 도시락을 싸 가지고 다니면서 수요일부터 일요일까지 주 5일을 일했다. 비록 저임금이었지만 일을 하면서 신선한 공기를 쐬며 산에서 시간을 보낼 수 있어서 좋았다.

그러던 중 지인으로부터 상가 건물을 관리해 보지 않겠느는 제의가 들어왔다. 그것도 나쁘지 않겠다 싶어서 건물 관리인으로 취업을 했고, 일하면서 관련 자격증을 차례대로 취득했다.

현재는 상가 건물을 관리하며 주말에는 시립도서관에서 아르바이트를 하고 있다. 그는 후반생에 대해서 이렇게 말했다.

"퇴직 전에는 찬란한 인생을 꿈꿨어요. 그런데 지나 보니다 헛된 꿈이더라고요. 인생이 찬란하지 않으면 어때요? 재미만 있으면 됐지! 예전에는 몰랐는데 이것저것 해 보니, 일이라는 것 자체가 재미있더라고요."

한 번뿐인 삶인데 '찬란한 인생'을 살고 싶지 않은 사람이 어디 있으랴. 그러나 막상 살아보면 남들이 인정하는 '찬란한 인생'을 살기란 만만치 않음을 깨닫게 된다.

객관적으로 볼 때, 찬란한 인생을 살기 위해서는 '인생을 바칠 만한 목표', '노력 뒤에 움켜쥔 성공', '사랑하는 사람들', '경제적인 자유', '지혜로움', '사회적 안정', '높은 자존감' 등과 같은 조건들이 필요하다.

이러한 조건들이 비빔밥처럼 잘 섞여서, 삶에 대한 만족감이 높아지면 자연스럽게 행복으로 치환된다. '찬란한 인생'은 그러한 행복의 결과물이다.

하지만 이것은 어디까지나 주관적인 시선이 아닌 객관적인 시선으로 봤을 때다. 즉, 내 인생을 내가 아닌 타인이 평가하게 되면, '찬란한 인생'의 난이도가 높아진다.

한국은 인적 자원은 넘쳐나는데 자연자원과 자산이 부족하다. 국가는 경쟁을 부추기고, 국민은 성공하면 찬란한 인생을 살 수 있다는 집단 최면에 빠져서, 마치 경주마처럼 성공을 향해서 달려간다.

어렸을 때부터 저마다의 방식으로 치열하게 달리지만 성공을 움켜쥔 자는 소수이고, 찬란한 인생을 획득한 사람은 그중에서도 극히 일부에 지나지 않는다. 그 이유는 '성공=찬란한 인생'이라는 전제 자체가 잘못되었기 때문이다.

성공과 찬란한 인생은 별개다. 성공하지 못해도 얼마든지 찬란한 인생을 살 수 있다. 성공에는 사회적 인정이 필요하지만 찬란한 인생은 스스로 자신의 인생을 인정하는 것만으로도 충분하기 때문이다.

후반생에서는 내 인생에 대한 평가를 타인에게 맡기지 말고, 나 스스로 내리자. 성공할 수 있다면 좋겠지만, 꼭 성공해야 행복한 인생은 아니지 않는가. "성공해서 만족하는 것이 아니라, 만족하기 때문에 성공한 것이다"라는 말처럼 스스로 만족하면 되지 않겠는가.

물론 사회 구성원인 이상 '사회적 인정'을 아예 무시할 수는 없다. 그래도 가급적 신경 쓰지 않고 사는 것도 후반생을 슬기롭게 살아가는 방법 중의 하나다.

과거에 사로잡혀 사는 사람은 자신을 돌아보기에 여념이 없고, 현재를 충실하게 살아가는 사람은 타인의 삶에 신경 쓸 겨를이 없고, 미래를 꿈꾸며 사는 사람은 새로운 계획을 짜느라 분주하다.

타인의 시선 따위는 이제 그만 무시해도 무방하다. 내 삶은 오로지 나의 것으로, 나만 만족할 수 있으면 된다.

인생에 쓸모없는 경험은 없다

—

제약회사 마케팅 본부장이었던 U는 퇴직하자마자 도시를 떠나 한적한 시골의 전원주택단지로 이주했다. 직장을 다니며 오랫동안 꿈꾸어 왔던 삶이었다. 수많은 약속과 만남, 잦은 술자리 등으로 지칠 대로 지쳐 있던 그는 한적한 곳에서 후반생을 멋지게 살리라 다짐했다.

처음에는 세상을 모두 가진 것 같았다. 일상의 사소한 것들이 그토록 행복할 수 없었다. 신선한 공기를 쐬며 아침저녁으로 시골길을 산책하는 것도 좋았고, 비록 해 본 적 없어서 서투르긴 했지만 농사일도 재미있었다.

하지만 행복한 생활은 채 1년도 가지 못했다. 무엇보다도 무료했고, 사람 사는 맛이 나지 않았다. 지인들과의 왁자지껄한 만남과 술자리가 그리웠다. 그는 자신이 과다한 업무에 오랜 세월 시달려서 전원생활을 그리워했지만, 본성은 화려하고 떠들썩한 도시를 좋아하고 사람들과의 만남 자체를 좋아한다는 사실을 깨달았다.

고민 끝에 아내에게 도시로 돌아가면 어떻겠느냐고 묻자, 아내가 반색했다. 남편에게 말하진 못했지만 그녀 역시 적적한 시골 생활이 남의 옷을 빌려 입은 것처럼 불편했던 터였다.

집을 내놓았지만 팔리지 않았다. 결국 가격을 낮춰서 처분한 뒤 도시로 복귀했다. 경제적으로는 다소 손실을 봤지만 그는 물 만난 물고기처럼 기뻤다. 사람이 북적거리는 도시에서라면 무슨 일을 해도 잘할 자신이 있었다.

시간은 무자비하게 모든 것을 흔적도 없이 휩쓸고 지나가지만 그렇다고 해서 허망하게 사라져 버리는 것은 아니다. 나이는 먹을 만큼 먹었는데 아무것도 남은 게 없다는 생각이 들 때, '그동안 난 뭘 했던 걸까?' 하는 자괴감과 함께 허무감을 느낀다. 그러나 긍정적인 시각으로 돌아보면 세월이 모든 걸 휩쓸고 간 것은 아니다. 내 생애는 사라진 것이 아니라, 고스란히 남아서 내 삶의 역사 속에 순서대로 깃들어 있다.

전반생과는 완전히 다른 후반생을 꿈꾸는 사람들이 더러 있다. 그들 중 성공하는 사람도 있지만 대개는 실패한다. 그 이유는 활용할 수 있는 다양한 도구를 외면한 채 맨손으로 땅을 파기 때문이다.

전반생은 흘러간 과거임과 동시에 눈에 보이지 않는 자산이다. 그 안에 경험, 인맥, 자신감, 지혜 등을 비롯한 다양한 보물이 숨겨져 있다.

만약 성공적인 후반생을 살고 싶다면 전반생의 연장선에서 미래를 꿈꾸는 것이 바람직하다. 나이는 괜히 먹는 것이 아니다. 지나간 것은 모두 그 나름대로 의미를 가진다.

50대쯤 되면 자신이 전반생에 무엇을 욕망하며 살아왔고, 후반생은 어떻게 살고 싶은지, 실제로 내가 무엇을 잘하며, 어떤 일을 할 때 행복을 느끼는지 생각해야 한다. 또 가장 스트레스를 받는 순간은 언제이며, 하고 싶었지만 하지 못했던 일은 무엇이 있고, 후회 없는 삶을 살기 위해서는 어떻게 살아야 하는지, 남은 인생에 대해 전반적인 고민이 필요하다.

이렇게 스스로에게 묻고, 이런저런 의무감이나 관념에 가려져 있는 내 안의 숨겨진 진실을 들여다보기 위해서 노력하다 보면 후반생을 어떻게 살아야 할지 대략의 그림이 그려진다.

경제적으로 별다른 어려움이 없다면 해 보고 싶었던 일들을 하며 후반생을 사는 것도 괜찮다. 하지만 일하며 경제적인 문제도 동시에 해결해야 한다면 전반생과의 연결성을 깊이 고민해야 한다. 20대에 직장을 구하는 것과 50대에 직장을 구하는 것은 완전히 다른 문제다. 20대에는 대개 자신의 적성이나 능력을 모른 채 취업한다. 그러나 50대에는 자신의 적성이나 능력 등을 누구보다 잘 알고 있기 때문에 어떤 일이 자신에게 적합한지 분명하게 알고 있다.

50대에 새로운 직업을 찾을 때 중요하게 생각해야 하는 부분은 융합과 복합으로 인한 시너지 효과다. 전반생에 해 왔던 일을 고스란히 이어서 할 수 있다면 좋지만 대개는 딱 떨어지는 일이 없어서 그와 유사한 일을 찾게 된다. 이때 시야를 넓혀서 생각한다면 보다 다양한 직업을 수용할 수 있다.

자동차 왕이라 불리는 헨리 포드는 이렇게 말한다.

"인생은 경험의 연속이다. 그리고 자신이 무언가를 경험하고 있다고 자각하지 못할 때조차 경험은 인간을 성장시킨다. 우리는 스스로의 자질을 발전시키고, 전진해나가며, 좌절과 슬픔을 이겨내는 법을 배워야 한다."

내가 후반생을 낙관하는 가장 큰 이유는 전반생에 대한 경험이 있기 때문이다. 전반생에서 나는 어떤 사람이었는지부터 정확히 파악할 필요가 있다. 나를 정확히 알면 알수록 후반생을 성공적으로 살아갈 수 있게 된다.

시선을 안으로 돌리자

—

디자이너로 활동하던 R은 우연히 주식에 손댔다가 데이 트레이더가 되었다. 처음 10년 동안은 고난의 연속이었다. 계속 손실을 봤고, 급기야 빚을 내서 매매를 했다. 그 과정에서 가정은 풍비박산 났다. 가난과 빚을 못 견딘 아내는 급기야 두 아이를 데리고 가출했다.

그러나 그는 부자의 꿈, 성공의 꿈을 포기할 수 없었다. 온갖 잡일을 해서 돈이 좀 모이면 지하 단칸방에서 컴퓨터를 켜놓고 다시 주식을 했다.

영원히 수익이 나지 않을 것 같더니 10년이 지나면서부터 조금씩 수익이 나기 시작했고, 그 뒤로 5년 동안 잃어버린 원금의 다섯 배가 넘는 수익을 냈다.

그러나 시력은 점점 약해져만 갔다. 병원에서 처방해 준 약도 먹고 안경도 바꿨지만 소용이 없었다. 생각하다 못해 매매 시간을 아침 한 시간으로 줄였다.

거래가 끝나면 아예 컴퓨터를 끄고 공원으로 갔다. 산책하며 자신의 인생을 돌아보았고, 행복과 성공에 대해서도 곰곰이 생각해 보았다. 6개월 남짓 그렇게 생활하던 그는 아예 주식 시장을 떠나기로 결심했다.

"솔직히 주식을 하는 동안 행복하지 않았어요. 수익이 나는 날은 기뻤지만 그 기쁨은 잠시뿐, 더 큰 욕망에 사로잡히곤 했죠. 손실이 나는 날은 자책하며 종일 우울해했어요. 그러다가 문득, 깨달았어요. 내가 젊은 시절 그토록 간절히 원했던 행복한 삶으로부터 너무도 멀리 떨어져 있다는 것을."

주식 시장을 떠난 그는 매일 처가에 가서 장모 앞에 무릎 꿇고, 처와 아이들이 사는 곳을 가르쳐 달라고 애원했다.

우여곡절 끝에 어렵게 살아가고 있는 아내를 만났고, 지문이 닳도록 용서를 빈 뒤 다시 합칠 수 있었다.

그는 게임머니 같았던 증권계좌의 돈을 찾아서 아파트를 샀고, 작은 식당을 차렸다. 그래도 얼마간의 돈이 남아서, 사죄의 의미로 12년 동안 아버지 없이 자란 두 아들에게 나눠 주었다.

현재 그는 분주한 날들을 보내고 있다. 식당이 병원 인근에 있다 보니 배달 주문도 적지 않다. 그는 비용을 절감하기 위해서 배달전문업체에 맡기는 대신 스쿠터를 몰고 직접 배달을 한다. 주식 투자할 때보다 몸은 배로 힘들고 수익도 십 분의 일도 되지 않는다. 그래도 그는 현재의 삶이 만족스럽다.

"제 인생에서 가장 행복한 시기죠! 국밥 한 그릇 팔아봤자 얼마 남지 않지만 찾아 준 손님이 그렇게 고마울 수 없어요. 그래도 가장 큰 기쁨은 장사 끝나고 나서 아내와 함께 마시는 막걸리 한 잔이에요. 뭐랄까, 천상의 꿀물이라고나 할까요?"

물질만능주의 시대의 특징은 화려함에 있다. 아름다운 집, 멋진 자동차, 유명 디자이너가 만든 옷, 먹음직스러운 음식 등을 비롯한 온갖 것들이 시선을 빼앗는다.

물질에 사로잡히면 잡힐수록 마음은 점점 빈곤해진다. 인간의 욕망은 끝이 없어서 물질이 채워지면 충족감을 느끼지만 그것은 그리 오래가지 않는다. 얼마 못 가서 다시 끝 모를 허기와 갈증을 느끼게 된다.

프랑스의 철학자이자 수학자인 파스칼은 이렇게 말한다.

"사람들이 무슨 일을 도모하고 있는지 주위를 돌아보아라. 사람들은 가장 소중하고 필요한 것들을 제쳐놓고 쓸데없는 것들, 즉 춤, 음악, 노래, 집, 재산, 권력과 같은 것을 생각한다. 거기다가 왕과 부자를 시샘하느라 많은 시간을 보낸다.

그러면서도 그들은 그런 것들이 인간다운 삶을 살아가는데 있어 과연 정말로 필요한 것인가에 대해서는 전혀 생각하지 않는다."

전반생에서 우리는 위를 보며 살아왔다. 가진 것보다 가지지 못한 것을 열망했고, 현재보다 미래에 더 많은 시간과 정열을 투자했다. 물론 그 나름대로 의미 있는 삶이다.

그러나 후반생에는 전반생과는 조금 다른 삶을 살아야 한다. 가지지 못한 것만을 추구하며 살기보다는 내가 가진 것에 감사하며 나를 사랑하는 삶을 살도록 노력해야 한다.

재물이 지닌 위력을 무시할 수는 없지만, 후반생을 풍성하게 하는 것은 삶에 대한 깨달음이요, 마음의 여유이기 때문이다.

새로운 삶의 이유를 찾아서

—

"요즘 들어서 왜 이렇게 우울한지 모르겠어요. 일도 손에 잡히지 않고, 재미있는 일도 없고…, 대체 왜 사는지 모르겠어요."

IT 회사 이사인 S는 40대 초반에 아내와 사별했다. 두 살 터울인 아들과 딸을 혼자서 키우다 보니 부담감이 이만저만이 아니었다.

아들은 성별도 같고 성격도 비슷해서 키우는 데 큰 어려움이 없었다. 식사 시간에 나누는 일상적인 대화만으로도 기분이나 생각, 근황 등을 어렵지 않게 짐작할 수 있었다. 문제는 딸이었다. 내성적인 성격에 말을 걸어도 대답하지 않고 얼버무리니, 기분은 물론이고 도대체 무슨 생각을 하고 있는지조차 알 수 없었다. 답답한 마음에 조금이라도 언성을 높이면 눈물을 흘리기 일쑤였다.

중학교 3학년 때는 교회에서 만난 대학생과 교제를 했다.

우연히 그 사실을 알았을 때 심장이 덜컥 내려앉았다. 만류하거나 야단치면 역효과가 날까 봐 말도 못 하고, 벙어리 냉가슴 앓듯이 시도 때도 없이 눈치만 살펴야 했다. 행여 나쁜 쪽으로 빠지지 않을까 노심초사했는데, 다행히도 큰 사고 없이 중고등학교를 졸업했다.

3년제 전문대학을 나온 딸은 중소기업에 들어갔고, 2년 만에 거래처 남자와 결혼했다. 임신한 상태여서 서둘러 혼례를 치르고 나자, 마음속에 얹혀 있던 큰 돌덩이를 내려놓은 것만 같은 홀가분한 기분이 들었다.

S에게 우울증이 찾아온 건 그 뒤부터였다. 음식 맛도 느낄 수 없었고, 어떤 일에도 의욕이 일어나지 않았다. 출근이 지옥처럼 느껴지더니, 급기야 기억력마저 급격히 떨어졌다. 그는 심각성을 깨닫고 정신과 의사를 찾아가서 상담을 받았다.

의사는 운동을 권하면서, 평소에 해 보고 싶었던 것에 관해서 물었다. 그는 회식 때면 〈춘향전〉의 '사랑가'를 부르곤 했는데, 노래가 끝나면 반응은 괜찮았지만 항상 아쉬움이 남았다. 의사의 권유에 용기를 낸 그는 그토록 배워 보고 싶었던 판소리를 배우기 시작했다.

새벽에 일어나서 인근 공원을 30분쯤 달린 다음 출근했고, 퇴근 후에는 일주일에 두 번씩 판소리를 배웠다. 3개월쯤 지나자 운동이 몸에 배면서 비로소 달리기의 즐거움을 느낄 수 있었다. 또 판소리에도 완전히 빠져들어서 우울증은 거짓말처럼 사라졌다.

그러던 중 딸아이가 출산했다. 요람 속에서 손발을 흔드는 손주를 휴대폰 동영상으로 촬영해 두었는데, 들여다보고 있노라면 입가에 저절로 미소가 걸렸다.

살면서 '인생을 어떻게 살 것인가?'에 대해서 고민해 본 적이 있는가?

만약 고민했다고 해도 잠깐 생각하다 말았을 것이다. 세상은 우리가 이런 철학적 사색에 깊이 빠져들도록 가만히 놓아두지 않는다.

그래도 후반생에는 이런 물음에 대해서 스스로 묻고, 스스로 답해야 한다. 그 답이 명확하지 않아도 괜찮다. 습관적으로 질문하고 답을 하다 보면, 어렴풋하게나마 삶의 의미를 깨닫게 된다. 그리고 삶을 관조할 수 있는 마음의 여유가 생긴다.

후반생은 전반생과 여러모로 다르다. 전반생에서 나를 분발하게 했던 사명감 내지는 삶에 대한 기대감이 한순간 사라져버려서, '나'라는 존재의 필요성에 대해 의구심을 갖게 될 수도 있고, 허무의 늪에 빠져 허우적거릴 수도 있다.

'인생을 어떻게 살 것인가?'에 대해 자문한다는 것은 내가 제대로 살아가고 있는지에 대한 중간 점검이며, 지금보다 삶의 질이나 완성도를 높여서 더 나은 삶을 살아가겠다는 의지의 발현이다.

현재의 삶에 만족하거나 기쁨과 행복으로 충만하다면, 구태여 삶의 의미를 찾을 필요는 없다. 내가 존재하는 이유가 그 안에 깃들어 있기 때문이다. 그러나 목표가 사라지면서 내가 살아야 할 이유가 불분명해졌거나 아예 사라져 버려서, 일상이 슬픔과 고통으로 가득 차 있다면 삶의 의미를 찾아야 한다.

몸이 쇠약해지면 마음도 쇠약해지는 법이다. 거기다 설상가상으로 불행한 일까지 겪게 되면 마음이 물먹은 솜처럼 무거워지면서, 삶의 이유를 잃어버리거나 망각하게 된다. 후반생에서는 이런 일들이 종종 벌어진다. 이럴 때는 만사가 귀찮겠지만 주저앉아 있기보다는 행동해야 한다.

명상을 통해서 성찰하기, 기도와 같은 종교의식을 통해서 사명감 깨닫기, 봉사 활동을 통해서 존재의 필요성 느끼기, 소중한 사람들과 함께 즐거운 시간을 보내며 연대감을 통한 행복 맛보기, 독서나 영화, 연극 등을 통한 간접 경험으로 삶의 의미에 대해서 생각해 보기 등등….

《죽음의 수용소》의 저자인 빅터 프랭클은 "인간의 의미를 찾는 것은 그 사람의 삶에서 가장 기본적인 동기 부여다"라고 말했다.

삶의 의미를 찾다 보면 자연스럽게 인간의 의미, 존재의 의미에 대해서 생각하게 된다. 인간은 무엇이며 내가 존재한다는 것은 어떤 의미가 있는가? 하물며 들판의 잡초도 나름대로 의미가 있어서 이 세상에 존재할 텐데, 내가 존재하는 이유는 무엇일까?

후반생의 끝에는 죽음이 기다리고 있다. 삶의 의미를 찾으면 목표를 갖고 후반생을 힘차게 살아갈 수 있고, 또한 그 과정에서 죽음의 의미에 대해서도 사색할 수 있어서, 편안하고 만족스러운 죽음을 맞이할 수 있다.

임종의 순간, 나의 인생이 결코 헛되지 않았음을 떠올릴 수 있다면, 나름 성공한 삶이 아니겠는가.

후반생을 위한 인생의 대차대조표

—

다니엘 디포가 60살에 쓴 《로빈슨 크루소》는 무명작가였던 그를 일약 유명작가로 만들었다. 이 작품은 일설에 의하면 5년 동안 무인도에 표류하였던 스코틀랜드 선원의 무인도 표류기에 영감을 받아 쓴 작품이라고 한다.

로빈슨 크루소는 무인도에 표류하자 절망적인 상태에 빠졌지만, 객관성을 유지하려고 노력하면서 자신의 처지를 나쁜 점과 좋은 점으로 분류한 대차대조표를 만든다. 그 결과 구조될 가망도 없이 무인도에서 홀로 살아가야 하는 상황이지만 배에 있던 모든 사람 가운데 유일한 생존자라는 사실을 깨닫는다.

나는 50대 중반에 문득, 로빈슨 크루소처럼 '전반생과 후반생에 관한 대차대조표'를 만들어 보았다. 그 결과 나쁜 점과 좋은 점을 한눈에 파악할 수 있었다. 나쁜 점부터 열거해 보겠다.

첫째, 체력이 예전 같지 않다

나는 40대 초반부터 꾸준하게 운동하고 식습관에도 변화를 줘 가며 몸을 관리해 온 덕분에 또래에 비해 체력이 좋은 편이었다. 그런데 50대에 들어서면서 일상생활에서 특별히 불편한 점을 느끼지 못하지만, 장거리 운전을 하거나 전날 무리해서 운동하면 자고 일어나도 피로가 쉽게 풀리지 않았다. 특히 남성 호르몬의 분비 감소로 인해서인지 성욕을 비롯한 욕망이 많이 떨어졌다.

둘째, 도전 정신이 예전 같지 않다

뇌는 원래 보수적인데 나이를 먹으면 더욱 보수적으로 변한다. 겁이 많아지고, 생명에 대한 집착력이 강해진다. 그러다 보니 돌다리도 두드려보고 나서야 건너게 된다. 나이와 함께 경험과 지식이 늘어서 새로운 선택의 폭이 넓음에도 불구하고, 새로운 도전 앞에 서면 항상 망설이게 된다.

셋째, 감성이 예전 같지 않다

나는 취미 활동의 일환으로 오랜 세월 시를 써 왔다. 시를 쓰면 집중력이 높아지고, 요약하는 능력이 향상되고, 혼자 있을 때 찾아오는 고독도 달랠 수 있어서 여러모로 좋다. 그런데 50이 넘으면서부터 감성이 조금씩 메말라가는 것을 느낀다.

다음은 좋은 점 세 가지다.

첫째, 욕망을 다스릴 수 있다

성욕 감퇴는 나쁜 점임과 동시에 좋은 점이기도 하다. 뇌는 각종 중독에 약하다. 즐거움을 느낄 때 천연마약이라고 불리는 도파민이라는 신경전달물질이 분비되기 때문이다. 나는 어려서부터 도박이나 섹스, 약물, 알코올 등에 중독된 사람을 많이 봐 왔다. 나 역시 여러 종류의 욕망을 채우기 위해서 많은 시간과 돈을 허비해 왔는데, 후반생이 시작되자 그런 것들로부터 어느 정도 해방된 느낌이 들었다. 남성 호르몬 분비 감소로 인해서 아이러니하게도 한층 여유 있고 차분한 생활이 가능해졌다.

둘째, 순간의 소중함을 알고, 즐기게 되었다

나이를 먹으면 조금씩은 현명해지기 마련이다. 후반생에서는 언제 죽음이 찾아와도 이상하지 않다. 비록 도전 정신은 줄어들었지만 삶의 소중함을 알고, 그 자체를 즐기게 되었다. 가족과 함께하는 순간, 친구와 함께하는 순간, 일하는 순간, 나 혼자서 지내야 하는 고독한 순간마저도 더없이 소중하고 즐겁기만 하다.

셋째, 나에게 온전히 집중할 수 있는 시간이 늘어났다

헨리 데이빗 소로우는 월든 호숫가에 작은 오두막을 짓고 자급자

족하며 26개월을 살았다. 그는 《월든》이란 작품에서 그렇게 산 이유에 대해서 이렇게 설명한다. "삶은 너무도 소중하기에 삶이 아닌 순간은 단, 한순간도 살고 싶지 않았기 때문이다"라고.

전반생에서는 사회적 동물로 살아가다 보니 나에게 온전히 집중하기 어려웠다. 사회 구성원으로서 해야만 하는 일들이 개인적인 자유를 제한했다. 후반생이 되자 비로소 각종 의무와 구속으로부터 해방될 수 있었으며, 나에게 온전히 집중하다 보니 인간과 인생에 대해 폭넓은 성찰을 할 수 있었다.

인생의 대차대조표를 만들어 놓고 비교해 보니 나이 먹는다는 것도 그리 나쁘지 않았다. 흰머리와 함께 눈물도 늘고 기억력이나 체력도 예전 같지 않지만 가장 난적이던 욕망을 통제할 수 있어서 이성적인 삶이 가능해졌다. 사랑에 대한 설렘 또한 예전 같지 않지만 사랑의 소중함을 알게 되었고, 무엇보다도 온전한 자유를 누릴 수 있게 되었다.

나이를 먹는 것도 딱히 나쁘지 않다. 나만 옳다는 아집에 사로잡히거나, 사소한 편리나 이익을 위해서 뻔뻔해지거나, 타인을 배려할 줄 모른 채 추하게 늙어가지만 않는다면.

제2장

"바쁜 사람에게는
나쁜 버릇을 가질 시간이 없는 것처럼
늙을 시간이 없다."
앙드레 모루아

후반생, 오로지 나를 위해서만

막연하게 꿈꾸면 막연하게 산다

—

"언젠가 퇴직할 줄은 알았지만 이렇게 빨리 회사를 그만두게 될 줄은 몰랐다!"

대기업 임원으로 승승장구하던 K는 50대 초반에 퇴사했다. 실적 부진에 따른 문책성 해고였다. 매해 높은 실적을 올렸지만 세계 경제가 불확실해지면서 회사가 적자로 접어들었고, 분위기 쇄신 차원에서 임원진을 물갈이했다.

회사라는 둥지에서 떠밀려 세상 밖으로 나온 그는 뭘 해야 할지 몰랐다. 새로운 직장을 알아봤지만, 그것도 쉽지 않았다. 그의 화려한 경력이 매번 발목을 잡았다. 그렇게 여기저기 기웃거리는 사이에 5년이란 세월이 쏜살처럼 흘러갔다.

그는 뒤늦게 후회했다. 직장에 몸담고 있을 때 후반생을 준비했어야 한다는 사실을 깨달았지만 이미 늦은 뒤였다. 막연하게 '어떻게 되겠지?'라고 생각했는데, 막상 퇴직하고 나자 막막했다.

중학교 국어 교사였던 S는 퇴직하기 10년 전부터 후반생을 준비했다.

2004년에 남편과 함께 방콕으로 해외여행을 다녀온 그녀는 본격적으로 여행 작가의 꿈을 꾸기 시작했다. 영어 회화 학원에 등록해서 외국어를 배웠고, 틈만 나면 교사이자 사진작가인 남편과 함께 해외여행을 다녔다.

그녀가 여행지에서 보고 느낀 것을 기록할 때 남편은 사진을 찍었다. 그렇게 모은 자료를 가지고 전자책을 출간했고, 반응이 좋아서 종이책을 출간하기에 이르렀다. 그러자 여기저기서 강연 요청이 들어왔다.

중학교 교사로, 여행 작가와 인문학 강사로 활발히 활동하던 그녀는 정년을 10년 가까이 남겨두고 명예퇴직을 했다. 보다 멋진 나만의 인생 스토리를 써 나가기 위해서.

간혹 후배들로부터 "후반생은 언제부터 준비해야 합니까?"라는 질문을 받는다. 나는 그럴 때마다 "지금 이 시간부터!"라고 대답한다.

준비가 빠르면 빠를수록 성공적인 후반생을 살아갈 확률이 높다. 퇴직을 눈앞에 두게 되면 생각이 많아져서 무언가를 체계적으로 준비할 마음의 여유가 사라진다. 생각할 시간적인 여유가 있을 때, '후반생을 어떻게 살 것인지?'에 대해서 충분히 사색해 보고 결정을 내린다면, 설령 중간에 일이 계획대로 풀리지 않더라도 버텨낼 수 있다.

또한 시간이 충분하다면 후반생을 살아가는 데 있어서 필요한 지식을 쌓을 수 있고, 학위나 자격증도 딸 수 있다. 퇴직하고 나면 이런저런 장벽에 막혀 대학이나 학원에 다니기가 쉽지 않다. 직장에 몸을 담고 있을 때 좀 더 부지런히 움직일 필요가 있다.

후반생을 어떻게 사느냐에 따라 인생 전체가 결정되기 때문에 성공적인 후반생을 살기 위해서는 철저한 준비가 필요하다. 당신이 지금 회사에서 능력있는 인재로 주목받고 있다고 하더라도, 퇴직하고 나면 아무도 알아주지 않는다. 오히려 높은 지위와 주목받았던 인재라는 사실이 새롭게 후반생을 살아가려는 당신의 발목을 붙잡을 확률이 높다.

만약 당신이 40대인데 이 책을 읽고 있다면 행운아다. 다른 사람보다 일찍 후반생을 계획할 수 있고, 준비할 수 있기 때문이다. 50대라 해도 아직 늦은 것은 아니다. 지금 이 순간부터 준비해 나가면 된다.

인생에는 세 번의 기회가 찾아온다고 한다. 후반생은 새로운 기회다. 당신이 지금까지 어떤 인생을 살아왔든지 간에,

준비만 잘한다면 그 기회를 잡을 수 있다.

영국의 작가이자 정치가인 벤저민 디즈레일리는 이렇게 말한다.

"인생의 성공 비결은 기회가 다가올 때 그것을 받아들일 준비가 되어 있는가, 그렇지 않은가에 달려 있다."

나이를 먹어갈수록 세월의 흐름에는 가속도가 붙는다. 당신이 이 책을 읽고 있다는 것은 준비할 시간이 그리 많지 않음을 의미한다. 지금 당장 후반생을 계획하고, 차분하게 하나씩 준비해 나가야 한다.

그저 나이가 좀 더 먹었을 뿐이다

—

"삶이 참 허망해! 뭐 하나 제대로 이룬 것도 없이 늙어버린 것만 같아서, 잠에서 깨어나 멍하게 앉아 있다 보면 까닭 모르게 눈물이 나."

명예퇴직을 하고 개인택시를 모는 L은 한동안 '갱년기 증후군'을 앓았다. 아이들이 커서 출가하고 나자, 그동안 지탱해 왔던 삶의 목표가 사라졌다. 식욕도 떨어지고 성욕도 감퇴하면서 수면 장애와 함께 우울증이 찾아왔다.

그는 아직 50대 중반에 불과했지만 스스로를 늙어서 아무짝에도 쓸데없는 '무용지물' 취급했다. 이제 좋은 시절은 모두 흘러 가버렸다는 우울한 생각에 사로잡혀 헤어나질 못했다.

"우린 늙은 게 아니라 본격적으로 나이를 먹어가는 중이야. 살아갈 날이 창창한데 벌써부터 죽는 소리야?"

나는 그에게 꾸준한 운동과 함께 새로운 꿈을 가지라고 조언했다.

그는 등산을 시작했고, 학창 시절 꿈이었던 '시인'이 되기 위해 틈틈이 시를 쓰며, 시 동호회에도 가입하여 온·오프라인을 넘나들며 활발하게 활동했다. 그리고 그는 1년쯤 지나서야 갱년기 증후군에서 벗어날 수 있었다.

아이가 성장하여 독립하는 시기를 전후해서 부모들 상당수가 갱년기 증후군을 앓는다. 여성은 여성 호르몬인 에스트로겐 분비가 줄어들고 폐경기가 찾아올 때, 남성은 남성 호르몬인 테스토스테론의 분비 감소로 성욕 감퇴가 찾아올 때 전반적인 신체 기능이 쇠약해지게 되고, 그로 인해 자연스럽게 '늙었다'는 생각에 사로잡히게 된다.

하지만 100세 시대를 살아가고 있는 지금, 50세는 결코 늙은 것이 아니요, 나이를 많이 먹은 것도 아니다.

《후한서》 '마수전'에 '노당익장老當益壯'이라는 고사성어가 나온다. 동정호 일대에서 오랑캐가 창궐하자 광무제가 군대를 보냈으나 전멸하고 만다. 그러자 62세인 마원이 나서서 군대를 이끌고 출정하겠다고 건의하자 광무제가 늙었다는 이유로 만류한다. 그러자 마원이 이렇게 말한다.

"대장부가 뜻을 품었으면 어려울수록 의지가 굳세야 하고, 늙을수록 의욕과 기력이 왕성해야 합니다!"

결국 광무제를 설득해서 출정한 마원은 반란군을 진압한다. 이에 광무제는 "그대야말로 노당익장이로군!" 하며 그의 공로를 치하한다.

'늙을수록 의욕과 기력이 왕성해야 한다'는 뜻의 노당익장은 흔히들 줄여서 '노익장'이라 표현한다.

후한 시대면 무려 2,000여 년 전 이야기다. 그 당시 62세는 늙어서 퇴물 취급을 받는 나이였을지 모르지만, 지금의 62세는 결코 늙었다고 할 수 없는 나이다. 요즘은 양로원에 가도 70세 이하를 찾기가 힘들 정도다.

현재 한국에서 규정하고 있는 노인의 기준 나이는 65세다. 이는 1889년에 독일의 비스마르크가 사상 최초로 연금보험 제도를 마련하면서, 연금 지급 대상 연령을 65세 이상으로 정하며 생긴 기준이다. 1950년 UN은 고령지표를 발표하면서 비스마르크가 내세운 65세를 노인의 기준으로 잡았다.

그로부터 65년이 지난 2015년 UN은 새로운 연령 구분을 발표했다. 그에 따르면 17세까지는 미성년자, 18세~65세는 청년, 66세~79세는 중년, 80세~99세는 노년, 100세 이상은 장수 노인에 해당한다.

미국은 1967년 65세였던 정년을 1978년 70세로 연장하였다가, 1986년에는 정년제가 연령차별이라는 의견을 받아들여

정년 자체를 폐지했다. 영국 또한 2010년에 65세였던 퇴직 연령 자체를 폐지하였다.

한국은 노인 연령 기준을 65세에서 70세로 상향 조정하고, 60세인 정년 연령을 65세로 연장하는 방안을 놓고 논의 중인데 머잖아 국회를 통과할 것으로 보인다.

18세~65세를 청년이라고 규정한 UN의 발표는 시대를 살짝 앞선 느낌은 있다. 하지만 아직 현역으로 활동하고 있는 1927년생 송해 선생이나 1939년생 김동건 아나운서 같은 분들을 보면 나름대로 일리 있는 구분이라는 생각도 든다.

기술의 발달과 함께 세상은 빠르게 바뀌고 있다. 50세는 결코 많은 나이가 아니다. 마라톤의 풀코스를 달리는 선수가 반환점을 돌면서 이제 다 왔다고 말하지는 않는다. 아직 가야 할 길이 멀었고, 체력도 충분하다.

토마스 울만은 78세에 쓴 〈청춘〉이라는 시에서 이렇게 노래한다.

'나이를 먹는다고 해서 늙는 것은 아니다. 이상을 잃어버릴 때 비로소 늙는 것이다.'

50세는 인생을 정리할 나이가 아니라 새로운 꿈을 꿔야 할 나이다. 후반생을 멋지게 살기 위한, 새로운 삶을 설계해야 할 나이다.

인생의 키워드를 바꿔라

—

"아니, 다른 사람이 날 어떻게 보겠어? 벌어봤자 얼마나 된다고…. 차라리 안 사 입고, 덜 먹는 게 낫지!"

대개 50세는 이전의 인생은 사회적 지위, 연봉, 명예나 권력 등의 측면에서 볼 때 자신의 인생에서 절정의 시기라 할 수 있다. 절정에 오른 나를 자랑스러워할수록, 절정의 짜릿한 맛을 못 잊을수록 후반생으로 넘어가는 과정이 험난하다.

후반생을 일찍 준비한 사람은 그 과정에서 불필요한 지위나 체면, 관습 등은 내려놓고 산뜻하게 후반생을 시작한다. 설령 전반생에서 한 회사의 CEO였다 하더라도, 후반생에서 서비스업으로 전환했다면 기꺼이 몸을 낮춘다.

하지만 전반생의 단맛에 취해 있거나, 떠밀리다시피 해서 아무런 준비 없이 후반생을 맞은 사람은 새로운 일자리를 찾기가 어렵다. 눈 씻고 찾아봐도 할 일이 없다. 아니, 일자리가 없는 것이 아니라 기존의 기준으로 일자리를 찾기 때문에 안 보이는 것이다.

체면을 내려놓으면 시각 자체가 바뀌고, 시각이 바뀌면 예전에는 발견하지 못했던 다른 면들을 발견하게 된다. 앞을 가로막고 있던 마음속의 장벽이 사라지고 나면 비로소 새로운 일거리가 보인다.

체면이란 '남을 대할 때 자기 입장이나 지위로 보아서, 마땅히 지켜야 한다고 생각되는 위신'을 말한다. 그 기준은 스스로 정하는데, 문제는 대다수 사람들이 자신의 사회적 지위를 실제보다 많이 부풀려서 생각한다는 데 있다.

기업의 CEO나 임원, 대학 교수, 은행의 지점장 등과 같은 사회적 지위가 사라지면 체면도 사라져야 정상이다. 그러나 대부분의 사람이 퇴직했음에도 불구하고 체면이란 탈만은 여전히 쓰고 있다. 그러다 보니 '왕년에 내가~'와 같은 흘러간 노래를 부르면서 아까운 여생을 탕진하는 것이다. 한 알의 밀알도 썩어야 열매를 맺는 데 보탬이 되듯이, 과거의 사회적 지위나 체면도 썩어야만 후반생에서 열매를 맺는 데 보탬이 된다.

체면이나 관습 같은 거추장스러운 옷은 벗어버리자. 그 대신 풍부한 경험과 능력, 자존감 등을 챙겨서 후반생을 시작하자.

또한 지위의 높고 낮음이나 재물의 많고 적음으로 사람을 평가하던 속물근성도 내려놓자. 나이도 웬만큼 먹었고, 사회적으로도 성공해서 어른 대접을 받고 있는 사람 중에도 정신은 초등학생 수준에서 벗어나지 못한 사람이 상당히 많다. 마음 공부는 등한시하고 오로지 물질만 추구하다 보니 생긴 현상이다.

전반생에서는 '부자', '성공', '명예' 등이 중요한 키워드였다면, 후반생에서는 '삶의 질', '건강', '죽음' 등이 중요한 키워드다. 이런 문제들과 수시로 부딪쳐야 하는데 정신적으로 성숙하지 못하면 앞으로 나아갈 수 없다.

그리고 내려놓는 김에 자식에 대한 집착도 내려놓자. 부모와 자식은 애증 관계여서 집착을 버리기 쉽지 않다. 그렇다고 언제까지 자식에게 붙들려 살 것인가? 성장한 자식의 삶에 개입하는 것은 후반생을 살아나가는데도 안 좋고, 자식의 인생에도 바람직하지 않다.

인간도 숲속의 나무와 다를 바 없다. 걱정된다고 해서 자신의 그늘 아래만 두게 되면 결국 말라비틀어져 버린다. 제대로 성장하기 위해서는 일정한 거리가 필요하다.

성인이 된 자식이라면 홀로 설 수 있도록 격려해 주는 것만으로 충분하다. 세상에 내놓기 미흡하다고 해서 내 뜻대로 좌

지우지하려 했다가는 죽도 밥도 안 된다. 내 인생은 물론이고 자식의 인생까지 망가뜨리는 지름길이다.

프랑스의 소설가인 앙드레 지드는 "우리는 앞으로 굴러오는 것을 환영하자. 그러나 다른 것들은 갈망하지 말자"라고 제안했다.

전반생보다 행복한 삶을 원한다면 후반생에서는 과감하게 버릴 것은 버리고 가자. 지위나 체면, 속물근성, 자식에 대한 집착만 버려도 삶은 한결 가벼워진다.

나만의 행복 레시피 만들기

—

"피곤하면 집에서 쉴 일이지, 주말만 되면 부리나케 산으로 달려가네! 산에다 우렁각시라도 감춰뒀나, 원."

아내의 투덜거리는 소리를 못 들은 척하며 P는 배낭을 메고 약속 장소로 달려갔다. 친구들과 함께 산을 타기 위해서다.

그는 직장에 다니면서 오로지 일만 하며 살았다. 특별한 일이 없으면 아침 7시에 출근해서 저녁 10시에 퇴근했다. 그렇게 26년을 일만 하다 퇴직했다.

퇴직 후의 삶을 준비할 겨를도 없었다. 임원이 되고 나서부터는 해야 할 일이 산적해 있었기 때문이었다. 마음의 준비도 전혀 안 된 상태에서 갑자기 해고되자 회사에 대한 배신감과 함께 인생에 대한 허무함마저 들었다.

예전에는 부족했던 시간이 갑자기 넘쳐흘렀다. 하지만 평생 놀아본 적도 없이 살아와서 그런지 뭘 해야 좋을지 몰랐다. 집에서 휴대폰을 만지작거리거나 컴퓨터 앞에 앉아서 인터넷을 뒤적거리고 있으면 아내의 눈치가 보였고, 밖에 나가서 지인들을 만나면 귀한 시간을 빼앗는 것만 같아서 마음이 불편했다.

그러다 우연히 갈 데도 없고 해서 산에 올랐는데, 답답했던 가슴이 탁 트이는 기분이 들었다. 그 뒤로 등산 장비도 마련하고 본격적으로 혼자서 산을 오르기 시작했다. 산행을 하는 동안에는 근심 걱정을 덜 수 있었고, 복잡한 머릿속을 정리할 수도 있었다. 게다가 미래 계획을 세울 수도 있어서 좋았다.

그렇게 혼자 다니는 산행이 슬슬 지겨워질 무렵 우연히 고등학교 동창들을 만났다. 셋이서 함께 등산을 다닌 지 꽤 됐다고 했다.

그날 이후로 그들과 함께 토요일마다 산행을 했고, 하산해서는 술도 가볍게 한잔하면서 이런저런 이야기를 나눴다. 고등학교 때는 다들 자신만 아는 철부지였는데 나이를 먹어서인지, 타인을 배려할 줄도 알았다.

그는 전반생의 경력을 살려서 중소기업에 재취업했다. 코스닥 상장을 준비하고 있는 한창 성장하는 회사여서 해야 할 일도 많았다. 스스로 야근이나 주말 근무도 자처하곤 하지만 일주일에 단 하루, 친구들과 산행하는 토요일만은 확실하게 시간을 비워두었다. 양보와 희생을 미덕으로 삼고 살아왔지만,

그 시간만큼은 누구에게도 양보하거나 희생하고 싶지 않았다.

한국 사회에서는 결혼하고 나면 개인의 행복은 뒷전으로 밀려나고, 가족의 행복을 우선순위에 두고 살아간다. 나만의 행복을 누리고 싶어도 이기주의자로 비칠까 봐 정작 하고 싶은 일들을 미루다 보면 훌쩍 나이가 들고 어느새 전반생이 지나고 만다.

후반생에는 개인의 행복을 추구한다고 해서 누구도 뭐라 하지 않는다. 자식들은 커서 각자 알아서 지내니 신경 쓸 일이 없고, 배우자가 마음에 걸리기는 하지만 그렇다고 언제까지 개인의 행복을 양보하며 살 수는 없지 않은가.

배우자와 함께할 수 있는 일이라면 함께하는 것이 바람직하다. 그러나 배우자와 함께하고 싶지 않거나 배우자가 기피한다면 굳이 부부가 함께할 필요는 없다.

후반생은 나의 행복을 위해서 다소 이기적으로 살아도 괜찮다. 가족을 위해서 평생 양보와 희생만 하다가 인생을 마감하면 삶이 허망하게 느껴지지 않겠는가.

눈치 보지 말고 나만의 행복 레시피를 만들어 보자. 내가 언제, 어디서, 누구하고, 어떻게, 무엇을 할 때, 왜 행복한지에 대해서 스스로 파악해 보라. 굳이 취미활동이 아니어도 괜찮다. 만약 가족과 함께하는 시간이 행복하다면 그 시간을 늘려 나가라.

영국의 정치가이자 작가인 벤저민 디즈레일리는 이렇게 말한다.

"모든 행동이 항상 행복을 가져다주는 것은 아니다. 그러나 행동하지 않는다면 행복도 없다."

가만히 있으면서 행복이 찾아오기를 바라지 마라.

나이 먹으면 좋은 점 중의 하나는 현재의 소중함을 은연중에 깨닫게 된다는 점이다. 전반생에서는 마음이 항상 미래에 가 있어서 현재의 소중함을 망각하고 살았다면 후반생에서는 미래보다는 현재의 순간을 즐기며 살자. 나만의 행복 레시피를 만들고, 그 시간을 만끽하자. 내가 행복해야 가정도 행복한 법이다.

최악의 상황은 오지 않는다

—

재래시장에서 신발가게를 하는 L은 3년 전 남편과 사별했다. 사춘기에 접어든 두 딸을 홀로 키우다 보니 걱정이 이만저만이 아니었다.

가장 큰 걱정은 장사가 예전 같지 않다는 것이었다. 매출은 침몰하는 배처럼 서서히 가라앉고 있어서 이러다가는 정말 온 가족이 굶어 죽을지도 모른다는 위기감마저 들었다.

그 때문인지 그녀는 언제부턴가 한숨을 입에 달고 살았다. 음식을 먹어도 맛을 몰랐고, 잠도 오지 않았다. 하루는 아래쪽 앞니 두 개가 흔들려서 슬쩍 힘을 주었더니 그대로 빠져버렸다. 빠진 치아를 들고서 치과에 가니 치주염 때문이라고 했다. 일단 치석을 제거하기 위해 스케일링을 하고, 스트레스로 잇몸이 온통 들떠 있으니 잇몸 치료를 하자고 했다.

하지만 큰 돈이 들어가는 치과 치료를 선뜻 하겠다고 말 할 수 없었다. 그녀는 간단한 처치만 받고 다음에 오겠다고 말한

후 도망치듯 치과를 나왔다.

'희망도 없는데 이렇게 살면 뭐 해? 차라리 확 죽어 버릴까?'

쇼윈도에 비친 앞니 빠진 자신의 모습을 보며, 그녀는 자살 충동을 느꼈다. 그러나 아이들 때문에 차마 그럴 수 없었다.

걱정이 점점 몸집을 불리면서 이내 무기력증과 함께 거식증이 찾아왔다. 얼굴이 푸석거리고, 다리도 수시로 부었다. 아이들에게 등 떠밀리다시피 해서 종합병원에 갔더니 신장이 안 좋다고 했다.

걱정과 한숨 속에서 분주히 병원을 들락거리는 사이, 재래시장은 재개발에 들어갔다. 주택이 딸린 상가를 소유하고 있던 덕분에 지분 가치가 높게 책정되었고 그녀는 공동주택과 함께 상가를 분양받을 수 있었다.

50대 후반에 접어들자 신장이 급격히 안 좋아져서 상가를 큰딸에게 맡겼다. 그녀가 할 때와는 달리 의외로 장사가 잘됐다. 그토록 피를 말리게 했던 돈 걱정은 사라졌지만, 문제는 건강이었다. 의사는 신장 이식을 권했다. 그녀는 두 딸에게 차마 말할 수가 없어서 차일피일 미루는 중이다.

다른 동물들은 현재를 충실히 살아간다. 그러나 인간은 미래가 반영된 현재를 살아간다. 다른 동물들은 실제 위험이 닥쳐야만 불안을 느끼지만 인간은 아직 다가오지도 않은, 어쩌면 존재하지 않는 미래의 위험만으로도 불안을 느낀다.

걱정은 우려했던 상황이 실제로 닥쳤을 때 받게 될 정신적인 충격을 방지하기 위한 일종의 완충장치다. 따라서 적절한 걱정은 미래에 닥칠 불행을 대비하는 긍정적인 측면도 있다.

문제는 걱정이 지나칠 경우다. 현실 감각이 부족한 사람일수록, 내향적인 사람일수록 지나친 걱정을 하는 경향이 있다. 이들은 걱정을 하고 나서 대비책을 세우기보다는 걱정하는 것만으로 걱정을 해결하려고 한다.

그러다 보니 걱정은 꼬리에 꼬리를 물고 끝없이 이어지고, 결국엔 삶 자체가 무의미해지고 무기력해지는 우울증에 걸리게 된다. 심하면 자살 충동을 느끼기도 한다.

내가 전반생을 살면서 깨달은 것 가운데 하나는 지나친 걱정은 기우일 뿐이라는 것이다. 이 세상에는 우리가 전혀 예측할 수 없는 '우연의 힘'이 작용해서, 상상했던 최악의 상황이 실제로 찾아오는 경우는 극히 드물다.

제14대 달라이 라마인 텐진 캬초는 걱정에 대해서 이렇게 말한다.

"어떤 문제를 해결할 수 있고, 그에 대해 당신이 무언가를 행동할 수 있다면 걱정할 필요가 없다. 그리고 해결할 수 없는 것이라면 걱정해도 어쩔 수 없다. 그 어느 쪽이든 걱정을 통해서 얻을 수 있는 것은 아무것도 없다."

100세 시대인데 노후 대비가 전혀 안 되어 있다고 하더라도 지나치게 걱정할 필요는 없다.

들판의 풀잎을 보라. 세찬 바람이 불면 뿌리째 뽑혀 나갈 것 같지만 꿋꿋하게 이겨내지 않는가. 인생도 마찬가지다. 때로는 세차게 흔들리겠지만 어떻게든 살아가는 것이 인생이다.

자연에 순응하되 굴복하지 않기

—

"야, 진짜 많이 변했네! 길에서 만났으면 못 알아봤을 거야."

SNS의 발달로 동창회를 비롯한 각종 모임이 성행이다. 나는 고교 졸업 후에도 친했던 벗들과는 종종 만나곤 했지만 동창회는 30년도 더 지난 50대 초반부터 나가기 시작했다. 처음 나간 동창회에서 오랜만에 만난 동창들은 한편으론 낯설고, 한편으론 신기했다. 나이는 동갑인데 겉모습은 천차만별이었다. 머리가 하얗게 세서 백발인 친구가 있는가 하면, 아직도 풋풋했던 고교 시절의 모습을 간직한 친구도 있었다. 직업만큼이나 살아온 날들도 다양했고, 겉모습도 제각각이었다.

그런데 '아무리 겉보기에는 젊어 보일지라도 세월의 흐름은 무시할 수 없구나'라는 생각이 들었던 일이 있었다. 옛 모습을 가장 많이 간직하고 있던 친구가 술이 몇 잔 들어가자 점점 목소리가 커졌다. 그는 자신의 목소리가 커졌다는 사실을 모르는 눈치였다. 나중에 물어보니 난청이 조금 있다고 털어놓았다.

시끄러운 소리에 무방비 상태로 노출된 도시에서 생활하다 보면 노인성 난청이 일찍 찾아온다. 특히 음악이나 영화 등을 감상하기 위해서 이어폰을 귀에 꽂고 장시간 생활하는 현대인에게 청력 손실로 인한 난청은 피하기 힘든 질환 중의 하나다.

노화의 속도는 개개인의 유전적 특성과 후천적 생활 습관에 따라 차이가 나지만 그 누구도 피해갈 수는 없다. 30대 중반쯤 되면 노화의 미세한 증상이 나타나기 시작하는데 관리를 잘한다고 해도, 50세쯤 되면 누구나 노화로 인한 불편을 한두 가지쯤은 겪게 된다.

멜라닌 색소의 감소로 흰머리가 나고, 피부가 탄력을 잃고 얇아지면서 이마와 입가의 주름이 깊어진다. 눈은 수정체의 탄력성이 떨어지면서 가까운 사물이 흐릿하게 보이는 노안이 오고, 청력이 점차 떨어져서 고음이 제대로 들리지 않는다. 코는 신경 말단이 퇴화하면서 냄새 맡는 능력이 저하되고, 이는 잇몸이 약해지고 내려앉으면서 각종 치주 질환을 앓게 된다. 중추신경계에서 자극을 처리하는 속도가 떨어지면서 외부 자극에 대한 반응이 느려지고, 근육은 감소하고 지방이 늘면서 체중이 불어난다. 장 기능은 점차 약해지고, 폐는 호흡의 효율성이 떨어진다. 면역 체계 또한 약해져서 각종 질환에 걸리거나 바이러스에 감염될 확률도 높아진다.

그러나 신체가 예전 같지 않다고 해서 우울해할 필요는 없다. 모든 인류에게 찾아오는 자연스러운 현상을 개인의 불행으로 받아들이는 것은 어리석은 짓이다. 그렇다고 수수방관해서도 안 된다. 나이 먹는 것은 어쩔 수 없다 하더라도 노화로 인한 불편함을 줄이기 위한 노력은 필요하다. 개개인의 몸에 맞는 적절한 운동을 하고, 식단을 조절하는 한편, 100세 시대를 가능하게 한 '진보된 의료 기술'을 적극적으로 활용해야 한다.

예를 들어 노안이 심하면 다초점 렌즈를 착용하거나 노안 수술을 받고, 청력이 떨어져서 상대방의 말이 잘 들리지 않으면 보청기를 착용하고, 풍치로 빠진 어금니는 메우고 삐뚤어진 치열은 치아교정을 받아서 바로잡는 등의 노력이 동반되어야만 100세 시대의 행복을 온전하게 누릴 수 있다.

흔히 '100세 시대=무병장수'라고 착각하기 쉽다. 하지만 현실은 그렇지 않다. 오히려 '100세 시대=유병장수'에 가깝다. 진보된 현대의학은 병을 깔끔하게 없애 주는 것이 아니라, 질병이 있음에도 불구하고 관리만 잘하면 장수를 누릴 수 있음을 증명해 나가고 있다.

정기적인 건강검진을 통해서 암과 같은 질환은 조기에 찾아 치료하고, 유전자적인 특성과 자신의 취약한 부분을 파악해서, 집중적으로 관리할 필요가 있다.

오프라 윈프리는 "내 신체에 감사하는 것이 나 자신을 더 사랑하는 열쇠임을 비로소 깨달았다"고 고백했다.

내 인생의 중심 즉, 내 우주의 중심에는 '나'가 있다. 그 '나'를 가능하게 하는 것이 바로 신체다. 오늘의 나를 있게 해 준 부모와 신에게 감사하며 살아가다 보면, 내 몸에서 보내는 작은 신호도 무시할 수 없다.

세월의 흐름과 함께 자연스럽게 찾아오는 노화는 받아들이되, 현대 의학으로 극복 가능한 부분은 적극적으로 대처해 나가자. 그것이 바로 나 자신을 사랑하는 길이요, 부모와 신에 대한 존경과 감사의 표시이자, 삶의 질을 높이는 가장 확실한 방법이다.

같은 곳에 너무 오래 머물지 마라

—

50대의 마지막 생일을 맞게 된 L은 남편이 차려 준 생일상 앞에서 왈칵 눈물을 쏟았다. 10년 전에 교통사고로 세상을 떠난 아들에 대한 그리움 때문이었다.

대학 3학년이었던 아들은 새벽에 건널목을 건너다가 뺑소니차에 치여서 숨졌다. 그녀는 그날로부터 단 한 걸음도 앞으로 나아갈 수 없었다.

공부도 잘하고, 웃음도 많고, 속정도 깊은 아이였다. 거리에서 해맑은 웃음소리만 들려도 아들이 생각났고, 드라마에서 순수한 청춘들만 봐도 아들이 그리웠다.

집에서 꼼짝 않고 지내자 형제, 고향 친구, 학교 동창들이 밖으로 끌어내기 위해서 수시로 연락을 했다. 맛있는 걸 먹으러 가자고 했고, 영화나 콘서트에 가자고 했고, 함께 여행을 가자고 했지만 모두 거절했다. 만나면 보나 마나 자식 자랑을 해댈 텐데 가만히 듣고 있는 것도 고역일 테고, 하나뿐인 아들을 잃고서 희희낙락하는 것 또한 어미 된 도리가 아니라는 생각에서였다.

그러자 연락이 서서히 끊어졌고, 자의 반 타의 반으로 외톨이가 되었다. 아들과 사별한 지 엊그제 같은데 순식간에 10년이 흘러갔다. 염색을 하지 않은 머리카락은 백발이 되었고, 주름도 부쩍 늘어서 실제 나이보다 열 살은 더 들어 보였다.

그녀는 근래 들어서 명치끝도 아프고 소화도 잘 안 되어서 남편 손에 이끌려 종합검진을 받았다. 검사 결과를 기다리는 그녀의 마음은 착잡했다.

어쩌면 죽을병에 걸렸을지도 모른다는 생각이 들자 왠지 억울한 마음이 들었다. 아무리 기억을 뒤져봐도 아들과 사별한 뒤로는 즐거웠던 추억이 하나도 없었다. 살지만 사는 것 같지 않은 삶이었다.

'붙잡고 있지 말고 보내줘야 했던 건 아닐까? 그 아이도 엄마가 이렇게 어둡고 허망한 세월을 보내는 걸 바라지는 않았을 텐데….'

후반생의 특징 가운데 하나는 허들처럼 곳곳에 세워져 있는 온갖 불행을 뛰어넘으며 앞으로 달려가야 한다는 점이다.

그중 가장 큰 스트레스는 사별이다. 부모나 배우자, 자식,

친구와의 사별은 적지 않은 후유증을 남긴다. 거기에다 질병이나 갑작스러운 사고, 실직, 사업 실패, 믿었던 지인의 배신 등을 비롯해서 전반생에서는 겪어보지 못했던 온갖 불행들이 곳곳에 도사리고 있다. 자칫 넘어져서 일어서지 못하면 그대로 인생을 마감할 수도 있다.

후반생에서는 건강관리 못지않게 중요한 것이 마인드 컨트롤이다. 고난이 닥쳤을 때 그것을 어떻게 받아들이느냐에 따라서 후반생이 결정된다고 해도 과언이 아니다.

어찌 보면 삶은 고난의 연속이다. 오죽하면 부처님께서 '인생은 고해苦海'라고 했겠는가. 괴로움이 끝없이 이어지고 온갖 불행이 난무하는 곳이 우리의 인생이다. 그렇다고 해서 인생이 불행으로만 가득 차 있는 것은 아니다.

이 세상에는 홀로 존재하는 것이 많지 않다. 짧은 것이 있어야 긴 것이 있고, 작은 것이 있어야 큰 것이 있고, 추한 것이 있어야 아름다운 것이 있듯이 불행이 있어서 우리의 인생에 행복이 존재하는 것이다.

시야를 좁히면 고난이 삶의 전부 같지만, 시야를 넓히면 고난은 삶의 일부분에 불과하다. 고난이 있기에 삶은 더욱 생동감 있게 꿈틀거리고 반짝거리며 빛을 발산한다.

시각과 청각 중복 장애인이라는 불행을 딛고 일어선 헬렌 켈러는 이렇게 말한다.

"행복의 한쪽 문이 닫히면 다른 쪽 문이 열린다. 그러나 우리는 닫힌 문에서 오랫동안 시선을 떼지 못하기 때문에 우리를 위해 열려 있는 다른 문을 발견하지 못한다."

불행이 찾아왔을 때 계속 그곳만 바라보고 있으면 결코 다른 쪽 문을 발견할 수 없다. 힘들고 괴로울 때일수록 시야를 넓혀야 한다.

신은 인간에게 불행을 주면서, 다양한 삶을 선택할 수 있는 자유도 함께 주었다. 삶의 다양성을 십분 활용하면 어렵잖게 불행을 극복할 수 있다.

친구를 만나서 수다도 떨고, 영화도 보고, 쇼핑도 하고, 맛있는 음식도 먹고, 여행도 가고, 운동도 하고, 취미 생활도 즐기다 보면 불행은 시나브로 사라지고, 그 자리에 또 다른 행복이 자리하고 있음을 발견하게 된다.

후반생에 찾아오는 불행은 전반생보다 훨씬 위험하고 치명적이다. 그것은 즉, 불행을 딛고 일어설 수만 있다면 전반생보다 훨씬 더 큰 행복을 누릴 수 있음을 의미한다.

불행 앞에 주저앉아 있지 마라! 충분히 슬퍼했으면 훌훌 털고 일어나라. 삶의 다양성을 십분 활용하면 고난을 슬기롭게 헤쳐나갈 수 있고, 그것 또한 인생을 살아가는 묘미다.

제3장

"가정이야말로 고달픈 인생의 안식처요,
모든 싸움이 자취를 감추고 사랑이 싹트는 곳이요,
큰 사람이 작아지고 작은 사람이 커지는 곳이다."

허버트 조지 웰스

가족, 삶의 출발점이자 종착점

후반생이 즐거워지는 부부의 공식

—

소규모 의류업체를 운영하던 T는 사업체를 정리하기로 결정했다. 대학을 졸업하던 해에 대기업에 입사했으나 젊은 객기에 회사를 박차고 나왔다. 그리고 곧바로 사업에 뛰어들었지만 한마디로 가시밭길이었다. 연이어서 네 번을 실패하고 다섯 번째 사업에 비로소 성공했다.

마침내 자리를 잡아가는구나 싶었는데 중국산 저가 상품이 쏟아져 들어왔다. 디자인에 각별히 신경 쓰며 안간힘을 썼지만 판매는 점점 줄어들었다. 한때 사십 명이 넘었던 직원은 하나, 둘 나가서 이제는 달랑 세 명뿐이다.

'힘겨운 세월이었어! 그동안 정신없이 살아왔으니까 이제부터는 아내와 함께 여행도 다니면서 삶을 좀 즐기자.'

그는 사업체를 정리하는 한편 꼼꼼하게 여행 계획을 짰다. 항공권을 예매하기 위해서 여권번호를 물어보자, 아내가 이유를 물었다. 그제야 은퇴 뒤의 계획을 설명하니 아내가 단박에 거절했다. 도무지 이해할 수 없었다.

"아니, 여행 가자는데 왜 안 간다는 거야?"

그러자 아내가 예상 밖의 대답을 했다.

"여보, 난 여행 자체를 싫어해요. 그동안은 아이들하고 함께 가서 마지못해 동행했지만 당신하고 단둘이 가는 여행은 절대로 가지 않을 거예요!"

"아니, 계획을 다 세워 놓았는데 이제 와서 그러면…."

"내가 당신하고 안 가려는 이유가 바로 그거예요! 내가 당신 노예예요? 나에게 한마디 상의도 없이 멋대로 정해 놓고, 여행 가자고 하면 '네, 알겠습니다'하고 순순히 따라나서야 해요? 나도 인격과 자유가 있다고요. 나는 살림하고 아이 키우는 기계가 아니라고요!"

후반생에 대한 아무 준비 없이 밀려 나온 남자들이 가장 먼저 부딪치는 장벽은 바로 아내다. 각자의 역할이 명확할 때는 서로 바쁘다 보니 웬만한 문제는 밖으로 표출하지 않고 안에서 삭이고 만다.

그러다 퇴직하게 되면 '바깥양반'이라는 호칭은 떨어져 나가서, '집에서 뒹구는 양반'으로 전락하게 된다. '안사람'의 고유 영역인 집안에서 빈둥거리다 보면 은연중 아내의 눈치를 살

피게 된다. 오랜 세월 살아왔지만 좁은 공간에서 장시간을 함께 했던 경험이 많지 않기에 아내 역시 이런 상황이 불편하다. 눈치가 보여서 하는 일도 없이 밖을 떠돌다 보면 아내와 서먹서먹한 사이가 된다.

퇴직하게 되면 남편은 아내와 함께 시간을 보내고 싶어 한다. 반면 아내는 혼자서 시간을 보내고 싶어 한다. 그동안 육아와 남편 뒷바라지하느라 청춘을 다 바쳤는데, 후반생마저 남편의 뒤치다꺼리를 하며 보내고 싶지 않기 때문이다. 황혼이혼이 늘어가는 이유도 이와 무관하지 않다.

성공적인 후반생을 보내고 싶다면 부부에 대한 정의부터 새롭게 내릴 필요가 있다. 아내는 인생의 동반자이자 동료이지, 가사를 책임지거나 내조하는 사람이 아니다. 또한 아내가 나만 바라보며 살 것이라는 편견도 버려야 한다.

부부는 일심동체를 지향한다. 그러나 남녀의 특성이나 성격을 고려해 볼 때 결코 한 몸이 될 수는 없는 사이다. 물론 일심동체가 되어서 험한 세상을 살아갈 수 있다면 더할 나위 없겠지만 현실적으로 불가능한 일이다. 남들 보기에는 좋아 보일지라도 그것이 진정 행복한 삶인지는 당사자들 외에 누가 알 수 있겠는가.

"사랑이란 마주 보는 것이 아니라 같은 방향을 바라보는 것이다"라는 생텍쥐페리의 말처럼 바람직한 부부 관계는 마주 보며 살 때가 아니라 같은 방향을 바라보며 각자의 삶을 살 때 형성된다.

그러기 위해서는 세 가지가 필요하다.

첫째, 가사를 분담하라

퇴직했다고 밖을 무작정 떠돌 것이 아니라 살림을 분담해야 한다. 아내가 힘들어하거나 귀찮아하는 일을 찾아서 하다 보면 자연스럽게 살림 분담이 이루어진다.

둘째, 미래에 대한 생각이나 계획을 공유하라

미래를 함께한다는 것은 모든 걸 함께하겠다는 의미다. 인간은 현재 속에 미래를 반영해서 살아가기에 미래를 공유하다 보면, 운명 공동체라는 인식이 강화된다.

셋째, 아내의 홀로서기를 지원하라

아내에게 나의 행복 기차에 편승할 것을 강요할 것이 아니라, 아내의 행복 기차가 스스로 달릴 수 있도록 물심양면으로 도와야 한다. 평소에 배우고 싶었던 것이나 원하는 취미 활동 등을 지원해 주고, 아내가 충분한 행복을 누릴 수 있도록 기회를 제공하라.

프랑스 소설가인 앙드레 모루아는 이렇게 말한다.

"진실하게 맺어진 부부는 젊음의 상실이 불행으로 느껴지지 않는다. 왜냐하면 같이 늙어가는 즐거움이 나이 먹는 괴로움을 잊게 해 주기 때문이다."

처음부터 진실하게 맺어진 부부는 없다. 함께 있을 때는 행복하지만 떨어져 있을 때는 불안하고 초조하다면, 한쪽이 일방적으로 기대고 있거나 의심하는 사이지 진실한 부부라고 할 수 없다. 함께 있을 때는 물론이고, 떨어져 있을 때도 각자의 행복을 누릴 줄 아는 부부가 진실하게 맺어진 부부다.

후반생에서는 나만 늙어가는 것이 아니라 배우자도 함께 늙어 간다는 사실을 명심할 필요가 있다. 나이 먹으면 사소한 일에도 마음의 상처를 입는다. 내 입장만 강요하거나 배려해 주기를 바랄 것이 아니라, 서로가 서로를 배려해 줄 때 부부 관계가 진실해진다.

눈으로도 미워하지 마라

—

직장인이었던 U는 경제에 관한 모든 것을 아내에게 일임했다. 명예퇴직 전까지 25년 남짓 직장을 다니며 받은 월급은 물론이고, 보너스 등과 같은 가욋돈도 고스란히 아내에게 건네주었다. 대신 매월 용돈을 받아 생활했다.

퇴직하고 나자 비로소 전 재산이 얼마나 되는지, 운용할 수 있는 돈은 얼마나 되는지 궁금했다. 그러다 우연히 아내가 아파트 담보대출을 받았다는 사실을 알게 되었다. 아내에게 묻자 처음에는 당황해서 얼렁뚱땅 넘기려 하더니 계속 추궁하자 진실을 털어놓았다. 사촌 언니 사업에 투자했다가 목돈을 날렸고, 만회하려고 주식 투자를 했다가 큰 손실을 봤다고 했다. 그래서 대출이자라도 내기 위해서 5년 전부터 대형마트에서 일하고 있다는 것이었다.

평생을 일했는데 전 재산이 1억도 남지 않았다는 사실을 알게 되자 기가 막혀서 말도 나오지 않았다. 분노가 솟구쳤지만 이미 엎질러진 물이었다. 아파트를 처분해서 대출금을 갚고, 전세를 얻어서 작은 빌라로 이사했다.

지인의 소개로 청소 대행업체에서 일하기 시작했지만 삶이 즐겁지 않았다. 아내를 보기만 해도 속에서 열불이 나서, 술이라도 한잔한 날이면 큰소리로 화풀이를 하곤 했다. 지은 죄가 있는지라 아내는 묵묵히 잔소리를 견뎌냈다.

그렇게 3년쯤 지났을까. 어느 날, 아침에 퇴근해서 돌아오니 아내가 짐을 싸서 가출한 것이었다. 식탁에는 편지지와 함께 서명 날인을 한 이혼장이 놓여 있었다. 미안하다는 사과와 함께 원한 맺힌 당신의 시선을 받으며 남은 인생을 살아갈 자신이 없어서, 더 늦기 전에 이혼하고 싶다는 것이었다. 그는 배고픔도 잊고, 해가 질 때까지 식탁에 멍하니 앉아 있었다. 비로소 모든 것을 잃었다는 생각이 들었다.

고령화 사회에 접어들면서 일본에서 황혼 이혼이 급증하더니 몇 년 전부터는 한국에서도 황혼 이혼이 급증하고 있다. 후반생은 미성년 자녀가 없다 보니 부부관계가 돈독해지기도 하고, 반대로 사소한 일로 다투다 남남이 되기도 한다.

긴 세월 함께 살다 보면 묵은 감정이 쌓이게 마련이다. 아이들이 성인이 될 즈음이면 밀려드는 외로움과 함께 결혼 생활에 대한 회의감까지 밀려든다. 나이를 먹으면 배우자가 한층 더 성숙해지고 관대해지기를 바랐건만 현실은 그 반대인 경우가 대부분이기 때문이다.

남자든 여자든 노화기에 접어들면 생각이 많아진다. 건강하게 살 수 있는 날들은 점점 줄어가는데, 툭하면 잊고 싶은 과거 일을 끄집어내서 잔소리하고, 사소한 일에도 버럭 화를 내고, 고집은 고래 힘줄 같아서 배려나 양보를 모르는 꽉 막힌 사람하고 여생을 같이 해야 하는가에 대해서 진지하게 고민하게 된다. 그러다 어느 순간, 감정이 폭발하게 되면 이혼이라는 돌아올 수 없는 강을 건너게 된다.

후반생을 시작할 무렵이나 퇴직할 즈음에는 배우자와 속마음을 터놓고 전반생을 살면서 축적된 묵은 감정을 해소하는 시간을 가질 필요가 있다. 나의 단점이나 과거의 잘못, 섭섭한 감정은 배우자가 말해주지 않으면 모른다. 배우자의 섭섭한 감정 또한 말해주지 않으면 나 역시 모른다. 전반생을 살면서 생성된 폭탄의 뇌관을 미리 제거하지 않으면 불행한 후반생을 맞을 수 있다.

부모님 세대에는 '참고 산다!'는 것이 부부의 공식이었다면, 지금은 '한 번뿐인 인생인데 왜 내가 참고 살아야 해!'가 공식처럼 되어 가고 있다.

톨스토이는 미움과 사랑에 대해서 이렇게 말한다.

"호감이 가지 않거나 심지어 미워하는 사람일지라도 사랑으로 대해야 한다. 진정으로 사랑하는가는 미워하는 사람을 사랑하는 것으로 알 수 있기 때문이다."

인간의 감정은 입으로도 표출되지만 눈을 통해서도 드러난다. 후반생은 계절로 치면 가을이나 겨울 같아서 아름다우면서도 쓸쓸하다. 후반생을 포근하게 보내고 싶다면 배우자를 눈으로도 미워하지 마라.

입가에는 항상 미소를 머금고, "사랑해요", "고마워요", "잘 먹을게요", "당신 참 멋져요" 등과 같은 말을 입버릇처럼 사용하라. 내가 먼저 섬겨야 섬김을 받는 법이다.

논리보다는 공감이 먼저다

—

50대 후반인 R은 소위 말하는 엘리트 출신이다. 명문대를 나와서 대기업에 엔지니어로 취업해 전무까지 승승장구했고, 퇴직 후에는 스톡옵션을 받고 벤처회사에서 부사장으로 일했다.

벤처회사를 그만둔 지도 어느새 3년이 지났건만 그는 집에서 여전히 애물단지다. 기름과 물처럼 가족들과 섞이지 못하고 있다.

아들은 지방 거점 공기업에 취업하며 독립해서 나갔고, 딸은 3년째 취업을 준비하고 있다. 인생에서 중요한 시기라 해주고 싶은 말은 많은데, 좀처럼 기회가 만들어지지 않았다.

직장을 다니면서도 나름 자식 교육에 관심을 갖고 공을 들였다. 학원비며 과외비, 유학비 같은 것은 조금도 아끼지 않고 투자했다. 그런데도 아들하고는 스무 살 무렵부터 대화가 끊겼고, 딸은 2년 전부터 완전히 대화가 끊겼다. 딸이 대학을 졸업하고 취업 준비를 하던 그해까지는 제법 많은 이야기를 나눴던 것 같은데, 그 뒤로는 대화다운 대화를 해 본 적이 없었다. 언제부터인가 아내도 대화 자체를 피해서, 종일 집에 있어도 몇 마디 나누지 않았다.

딸은 귀가하면 저녁을 먹거나 드라마를 보면서 아내하고 곧잘 취업 준비 상황이나 속마음을 터놓는 눈치였다. 그러나 그 앞에서는 단, 한마디도 꺼내지 않았다. 오히려 이야기를 하다가 그가 나타나면 대화를 중단하기 일쑤였다.

'나, 왕따 당하고 있는 건가?' 화목한 가정을 꿈꿔 왔던 그는 도대체 어디서부터 잘못되었는지 도무지 알 수가 없었다.

뇌 과학자들에 의하면 남성은 공간 기억을 담당하는 우뇌가 발달하는 반면, 여성은 좌뇌와 우뇌의 상호 연결망이 발달해서 언어 능력에서 남성보다 우위를 보인다고 한다.

물론 남자와 여자가 유전적으로 타고 난 특성도 무시할 수는 없으리라. 하지만 아내가 남편보다 아이들하고 소통을 잘하는 보다 근본적인 이유는 전반생에서 계속해 오던 일이기 때문이 아닐까 싶다.

남자는 직장에서 각종 문제를 해결하기 위한 쪽으로 뇌를 써왔다. 한정된 시간에 성과를 내기 위해서는 감성보다는 논리 위주로 일 처리를 할 수밖에 없다. 실적이란 것 자체가 구체적인 수치를 근거로 하기 때문이다. 하지만 세상 모든 일을 논리 위주로 따지다 보면 공감하는 능력이 떨어진다.

내가 고교동창회에 나갔다가 깜짝 놀란 것 중 하나는 농담할 줄도 모르고, 농담에 대한 이해력이 떨어지는 사람들이 많다는 점이었다. 공감력도 부족해서 개인적인 아픔을 토로해도 논리적으로 분석하려 했고, 어떻게든 결론을 도출해 내려고 했다.

자녀 교육에 그 어떤 세대보다 공을 들였음에도 불구하고 상당수가 자녀와의 관계가 서먹서먹하다고 했다. 그 이유로 '세대 차이'를 들었는데, 엄밀하게 따져 보면 세대 차이란 존재하지 않는다. 단지, 가까워지기 위한 노력이 부족했던 것뿐이다.

가족 간에 필요한 것은 논리가 아닌 공감이다. 공감대가 형성되기 위해서는 서로에 대한 정보가 있어야 하고, 정보를 확보하기 위해서는 상당한 시간의 대화가 필요하다.

요즘에는 나름의 원칙을 정해 놓고 자녀 교육을 하는 가정도 꽤 많다. 물론 경험에서 우러나오거나 전문가의 조언을 얻어서 세운 원칙도 중요하다. 그러나 원칙만을 강조하다 보면 아이들이 거짓말을 하는 일이 생기게 된다.

가정교육은 학교교육과는 달라야 한다. 가정교육에서는 원칙도 중요하지만, 그보다는 내 아이가 처한 상황이나 입장을 먼저 생각해 볼 필요가 있다.

얼마 전에 직장을 다니는 딸아이가 지하철에서 노트북을 놓고 내렸다며 풀죽은 목소리로 전화를 했다. 구입한 지 얼마 안 된 노트북이어서 나 역시 아까웠으나 분실하고 나서 발을 동동 굴렀을 딸아이를 생각하자 마음이 아팠다.

"괜찮아, 살다 보면 잃어버릴 수도 있는 거야! 엄마 아빠 유전자를 타고나서 그런 거니까 아빠에게도 절반의 책임이 있네. 분실 신고하고 일주일을 기다렸는데도 노트북을 찾지 못하면, 새 노트북 살 때 아빠가 절반 돈을 내 줄게."

그제야 딸아이가 기분이 풀렸는지 농담을 했다.

"왜 아빠 책임이 절반이야? 딸은 아빠를 닮는대. 날 이렇게 낳은 건 아빠니까 전적으로 책임져야지!"

물이 가득 찬 잔에 물을 더 따르는 건 어리석은 짓이다. 걱정과 근심, 자괴감으로 가득 차 있는 아이 앞에다 원칙이나 논리를 들이대며 훈계한들 그게 무슨 교육이 되겠는가.

고등학교를 졸업할 나이쯤 되면 자신이 한 말과 행동에 대해서는 스스로가 더 잘 안다. 원칙이나 논리보다는 공감이 우선이다. 사건 해결보다는 상처 입은 마음을 다독여 주는 일이 우선이 되어야 한다.

심리학자인 칼 로저스는 공감에 대해서 이렇게 말한다.

"공감한다는 것은 상대방이 보는 세상을 자신의 눈으로 보는 것이 아니라, 상대방의 눈으로 보는 것이다."

섣불리 내가 가진 지식과 경험만으로 아픔을 이해하려고 하면 오히려 더 멀어질 수도 있다. 상대방의 눈으로 세상을 보기 위해서는 상대방에 대한 정보 확보가 우선시되어야 한다. 화목한 가정을 이루고 싶다면 가족들에게 충분한 관심을 기울여라. 관심은 대화를 낳고, 대화는 공감을 낳는다.

부모를 졸업하고 친구로 지내야 할 때

—

가정주부인 W는 결혼한 딸의 집을 방문했다가 기분만 상해서 돌아왔다. 맞벌이 신혼부부다 보니 집안이 엉망이어서 청소도 해 주고 빨래도 해 줬건만 돌아온 건 핀잔이었다.

"엄마, 일 절만 해! 그동안 마이 묻따 아이가."

딸아이는 영화 대사를 흉내 내며, 잔소리 좀 제발 그만하라고 역정을 냈다. 그녀도 저녁 식사를 차리며 그만해야겠다고 생각했는데, 냉장고를 열자 생각과 달리 잔소리가 쏟아졌다. 결국 저녁상을 차려 주지 못한 채 등을 떠밀리다시피 해서 쫓겨났다. 처음에는 괘씸했는데 귀가하며 곰곰이 생각해 보니, 이 모든 게 남편 때문인 것 같았다.

사업하는 남편은 집안에서 언쟁이 일어나는 걸 싫어했다. 최대한 부드럽게 타이르려고 했고, 어지간한 분쟁은 돈으로 해결하다 보니, 자연스럽게 '좋은 부모' 역할을 맡게 되었다. 반대로 그녀는 훈육에 필요해서 "공부해라", "돈 아껴 써라",

"방 청소 좀 해라", "게임 좀 그만해라", "일찍 귀가해라" 등등의 말을 수시로 내뱉다 보니 '나쁜 부모' 역할을 맡게 되었다.

그렇다고 해서 아이들이 아빠와 사이가 좋은 것도 아니었다. 자신들이 필요할 때만 사이가 좋은 척했지 실제로는 친하지 않았다. 나쁜 부모 역할을 했던 그녀도 역시 아이들과 사이가 좋지 않았다.

'요즘은 친구처럼 지내는 모녀도 많던데 우린 왜 이렇게 됐지?'

돌이킬 수도 없는 세월인데, 아이들을 키우면서 중요한 것을 놓친 건 아닐까 싶어서 불안했다.

자식을 키우는 부모라면 다른 사람들의 자녀 교육 방식에 귀가 솔깃하게 마련이다.

한때 방목형 자녀 교육이 세간의 주목을 받았다. 방목형 교육을 자처하는 부모의 자식을 보면 대체적으로 세 가지 유형이다. 공부를 너무 못해서 부모가 아예 포기했거나, 공부 아닌 다른 무언가에 특별한 재주가 있거나, 주도적 학습에 길들여져서 스스로 공부를 찾아서 하는 경우다.

자식을 방목해서 키우면 부모도 자식도 서로 편하겠지만 현실적으로는 쉽지 않다. 시험이 코앞인데 몇 시간째 게임만 하는 자식을 가만히 두고 볼 부모가 얼마나 있겠는가. 학교가 학문을 가르치는 곳이라면 가정은 바른 인성과 함께 사회성을 키워 주는 곳이다.

부모로서 외면할 수 없는 훈육과 교육을 하다 보면 계획했든 계획하지 않았든 간에 부모는 '좋은 부모'와 '나쁜 부모'로 역할을 분담하게 된다. 그러나 이런 환경에서 자란 아이들 중 상당수는 부모와 사이가 좋지 않다.

성인이 되면 돈으로 '좋은 부모' 역할을 했던 쪽에 대해서는 사랑에 대한 진정성을 의심하게 되고, 잔소리를 도맡아 하며 '나쁜 부모' 역할을 했던 쪽에 대해서는 감정상 이미 멀어진 데다, 그동안 받았던 스트레스까지 더해져 본능적으로 외면하게 된다.

한국은 대학 입시 위주의 교육 체계이다 보니 부모 입장에서는 잔소리를 안 할 수 없다. 물론 자식 잘되라고 하는 잔소리겠지만 듣는 쪽에서 괴로워한다면 최대한 횟수를 줄여야 한다. 또한 자녀가 고등학교를 졸업할 즈음에는 '좋은 부모'와 '나쁜 부모' 역할은 그만둬야 한다. 그때부터는 성인이므로 동등한 인격체로 접근하고 대할 필요가 있다.

허물없는 자식이라 할지라도 "해!"나 "하지 마!"라는 식으로 명령조로 말하지 말고, 의견을 먼저 물어봐야 한다. 자식이 성인이 되어도 부모는 부모이므로, 자신의 의견이나 바람을 말하는 것은 괜찮지만 강요가 되어서는 안 된다.

입시 지옥에서 풀려난 아이들은 자유를 만끽할 것 같지만 실상은 그렇지도 않다. 내가 몇 년 동안 관찰한 바에 의하면 우정, 사랑, 이별, 학점, 입대, 취업, 빈부 격차, 어학연수 등을 비롯한 각종 스트레스에 직면하게 된다. '좋은 부모'나 '나쁜 부모'보다는 마음을 열어놓고 진지하게 인생 상담을 해 줄 '친구 같은 부모'가 절실히 필요한 시점이다.

이 시기에 아이들과 친해지면 평생을 친구처럼 지내게 된다. 그러나 이 시기에도 가까워지지 못하면 아이들과는 점점 멀어지게 된다.

아놀드 그라소우는 가정교육의 중요성을 강조하며, "인격은 당신의 아이들에게 남겨줄 수 있는 최대의 유산이다"라고 했다.

아이들은 부모의 등을 보고 자란다. 후반생을 살아가고 있는 부모가 내 자식에게 해 줄 수 있는 최고의 선물은 무엇일까에 대해서 진지하게 고민해 봐야 한다.

역할 분담은 가족애의 밑거름

—

　종합상사에서 일하는 J는 외동딸이 대학에 입학한 기념으로 미국 중부로 가족 여행을 떠났다. 그동안 서로가 바쁘다 보니 부녀가 대화할 시간이 없었고, 그렇게 시간이 흘러 서먹서먹한 사이가 되었다.

　가족끼리 편하게 대화하며 여행하기 위해서 단체 관광이 아닌 개별 여행을 선택했다. 업무상 외국 출장이 잦았던 그는 여행 장소부터 렌트카, 호텔, 식당, 관광지 예약까지 완벽하게 준비했다.

　계획했던 대로 거의 완벽한 여행이었음에도 딸과의 깊은 대화는 실패했다. 아이가 여행하는 기간에 한 거라고는 사진 찍어 SNS 올리기, 핸드폰 들여다보기, 음악 듣기뿐이었다. 이동하는 차에서도 내내 핸드폰만 만지작거렸다.

　여행 마지막 날 저녁을 먹으며 긴 이야기를 나누고 싶었는데, 아이는 대충 먹더니 피곤하다며 호텔 방으로 올라갔다.

그가 못내 서운해하자 아내가 달래듯이 말했다.

"요즘 애들이 다 그렇지 뭐."

대개 보수적인 가정은 집안의 대소사를 아내가 도맡아 하는 경우가 많다. 반면 개방적인 가정은 가족회의를 통해서 대소사를 논의하고, 역할 분담을 한 뒤 함께 한다.

그렇다 보니 보수적인 가정에서는 아내가 희생할 수밖에 없다. 한 사람의 희생을 당연한 듯 지켜보며 방관하는 가족보다는, 아무래도 역할 분담을 해서 다 같이 참여하는 가족의 사랑이 끈끈할 수밖에 없다.

어려서부터 역할 분담이 잘 이루어진 집안은 자녀가 성장해도 부모 자식의 관계가 좋다. 가족이므로 희로애락을 함께 하는 걸 당연시하고, 힘든 일이 있으면 다 같이 팔을 걷어붙이고 달려드니, 세월이 흐를수록 정이 깊어진다.

그러나 한국에는 이런 가정이 많지 않다. 한국의 엄마들은 아이들이 자발적으로 설거지라도 하려고 하면, 그 시간에 들어가서 공부라도 한 자 더 하라며 등을 떠민다. 고등학교를 졸업할 때까지 오로지 공부 외에는 아무것도 못 하게 한다. 환경이 이렇다 보니 아이들은 부모는 그래도 되는 것인 양 부모의 희생을 자연스럽게 받아들인다.

가족은 인류의 가장 오래된 집단이며 가장 기본적인 형태의 사회다. 구성원마다 가정에서 역할이 주어져서, 이런저런 가족사에 참여해야 가족애가 우러나는데, 방관자 내지는 열외자였던 아이들은 가족애가 싹틀 기회가 없다.

그동안은 '공부가 우선'이었다고 치더라도, 자녀가 고등학교를 졸업할 즈음에는 더 이상 가족의 방관자 내지는 열외자로 놔두어서는 안 된다. 자녀를 가족이라는 울타리 내지는 기본적인 형태의 사회 안으로 끌어들여야 한다.

가족사에 참여하게 하는 가장 좋은 방법은 여행이다. 가족 여행을 부모가 도맡을 것이 아니라, 다 함께 떠나는 가족 여행이니 자녀들에게도 역할을 분담해 주어야 한다. 여행가이드를 맡겨서 스케줄을 짜고 현지 안내를 하도록 하거나, 자금 관리를 맡겨서 여행 경비 일체를 관리하도록 하면 책임감도 생기고, 여행에 대한 관심과 더불어 가족애도 두터워진다.

역할을 분담해 준다는 것은 너를 신뢰함과 동시에 존중한다는 의미이기도 해서, 여행 일정을 함께 즐길 수 있다. 또 고등학교를 졸업할 즈음에는 입시라는 오랜 속박에서 벗어나서, 마치 봄에 얼음장이 녹는 것처럼 긴장과 함께 마음도 풀어진다. 여행지에서 속마음을 터놓고 이런 저런 이야기를 나누다 보면 쉽게 친해지게 된다.

후반생을 자녀들과 친밀하게 보내고 싶다면 부모가 먼저 다가가야 한다. 먼저 말을 붙이고, 그들의 관심사나 문화를 파악하고, 필요하다면 따로 공부를 해서라도 깊은 대화를 나눌 수 있을 정도의 신지식을 쌓아야 한다.

이렇게 가족 구성원 모두가 소통하고 공감할 때 가족의 역할 분담이 원활하게 이뤄지고, 가족애도 한층 돈독해지는 것이다.

영국의 시인이자 극작가인 로버트 브라우닝은 "행복한 가정은 미리 누리는 천국이다"라고 했다. 천국 밖에 있는 자녀들을 천국 안으로 끌어들이자. 그러기 위해서는 아이들이 천국의 일에 관심을 갖게 해야 한다.

자녀들을 사랑한다면 더 이상 가족의 방관자 내지는 열외자로 놔두지 말자.

기대는 낮추고 신뢰는 높이고

—

변호사인 N은 며칠 전 아들과 심한 말다툼을 했다. 아들이 더 이상 공부를 하지 않겠다고 선언했기 때문이었다.

그는 오래전부터 하나뿐인 아들이 수재라고 확신했다. 자신은 명문대를 나와서 사법고시를 패스한 데다 아내 역시 명문대 의대를 나와서 개인병원을 운영하고 있었다. 다른 것은 몰라도 공부 머리를 타고난 것만은 분명했다.

아들은 어려서부터 영재성을 보였고, 영재성 검사에서는 상위 0.1%가 나왔다. 그들 부부는 아이가 너무 똑똑해서 오히려 불행한 삶을 살아갈까 봐 걱정했다. 게임을 좋아한 아들은 매일 서너 시간씩 게임을 했음에도 불구하고 명문 외고를 거쳐 명문대에 입학했다.

제대하고 어학연수까지 마친 아들은 행정고시를 준비했다. 그러나 조상 덕이 없는 건지, 관운이 부족한 건지 4년 내내 고배를 마셨고, 결국 7급 공무원으로 방향을 틀었다.

그들 부부는 다른 사람에게 말도 못 하고 벙어리 냉가슴 앓듯이 끙끙 앓았다. 시간이 지나면서 아내는 점점 포기하는 듯했으나 그는 포기가 되지 않았다. 그때부터 부자지간에 말다툼이 잦아졌다.

아들은 고시원에 처박혀서 죽어라 공부만 하는 것 같은데도, 3년이 지나도록 합격 소식이 들려오지 않았다. 그러다 보험용으로 9급 공무원 시험이나 한번 쳐보자는 친구의 말에 별생각 없이 시험을 쳤다. 그런데 친구는 떨어지고 아들은 덜컥 합격했다.

그는 당연히 다시 7급을 준비할 줄 알았다. 그런데 아들은 책이라면 지긋지긋하다며 더 이상 공부하지 않겠다고 선언했다. 그는 어떻게든 아들을 설득하려 했지만, 서로 언성이 높아지면서 부자지간의 갈등만 커졌다.

결국 아들은 거주지 행정복지센터로 발령을 받았고, 그가 동네 창피해서 얼굴을 못 들고 다니겠다고 하자, 아예 독립을 선언한 뒤 짐을 싸서 나가 버렸다.

'못난 놈!'

그는 아들만 생각하면 속이 부글부글 끓었다. 근래 들어 버럭 화를 내는 일도 잦아서 직원들은 슬금슬금 그의 눈치를 살폈다.

자식에 대한 부모의 기대는 당연한 일이다. 기대는 일종의 바람인데 이왕이면 우리 아이가 남들보다 잘 되기를 어떤 부모가 바라지 않겠는가.

심리학 실험을 통해서도 알 수 있듯이, 적절한 기대감은 긍정적인 결과를 낳는다. 교육자의 기대감으로 학습자의 성적이 향상되는 '피그말리온 효과'나 교육자가 긍정적인 메시지를 전달하면 실제로 학생들의 지능 및 성적이 향상되는 '로젠탈 효과' 등이 있다.

그러나 지나친 기대감은 오히려 부담감으로 작용해서 부정적인 결과를 낳는다. 영국 레딩대학교 코우 무라야마 교수 연구팀이 2002년부터 6년 동안, 매년 3,530명을 대상으로 수학 성취도 실험을 통해 조사한 결과에 의하면, 부모의 기대치가 높을수록 자녀의 성적이 낮은 것으로 나타났다. 과도한 기대감이 불안감과 자신감 하락으로 이어져서 제 실력을 발휘하지 못하게 한다는 것이다.

부모와 자식의 관계는 세월이 흘러도 바뀌지 않는다. 그러나 자식을 평생 교육시킬 수는 없다. 부모가 교육 시킬 수 있는 시기는 고등학교 졸업 전까지다. 만 19세를 넘어서서 성인이 되면 부모는 자식에 대한 기대 자체를 내려놓아야 한다. 그 대신 신뢰하고 있다는 신호를 자주 보내 줘야 한다.

부모의 기대에 미치지 못했다는 자책감은 깊은 고독을 불러오고 우울증으로 이어진다. 진정 자식이 잘 되기를 바란다면, 그동안 자식에게 열과 성을 다했다면, 자식이 두 어깨에 짊어지고 있는 부모의 기대는 이제 그만 내려놓아도 된다고 신호를 보내 주자.

기대에는 턱없이 모자란 자식일지라도 '네가 어디서 무엇을 하며 살더라도 엄마 아빠는 너를 항상 응원하고 사랑한다!'라는 신호를 받게 되면, 자식은 인격적으로 성숙해지고, 자신의 인생에 대해서 스스로 책임을 지기 위해 노력한다.

미국의 사상가이자 시인인 랄프 왈도 에머슨은 "누군가를 신뢰하면 그들도 너를 진심으로 대할 것이다. 누군가를 훌륭한 사람으로 대하면 그들도 너에게 훌륭한 모습을 보여줄 것이다"라고 했다.

전반생은 자식에게 가정교육을 시켰다면, 후반생에서는 인생 선배로서 모범을 보이며, 무한한 신뢰를 보내자. 설령 그 신뢰가 무너진다 해도, 부모가 자식에게 줄 수 있는 최고의 선물이 아니겠는가.

부모는 기다려주지 않는다

—

50대 주부인 L은 팔순인 시어머니를 모시고, 남편과 두 아이들과 함께 산다. 그녀는 요즘 시어머니의 진심을 알 수 없어서 답답하다.

긴 세월 동안 시어머니는 다가갈 수 없는 어려운 존재였다. 명절이나 제사 때 시댁에만 가면 누가 뭐라고 한 것도 아닌데, 긴장이 되고 괜히 위축되어서 한시라도 빨리 집으로 돌아가고 싶은 마음뿐이었다.

그러다 시어머니와 가까워진 건 15년 전이었다. 심한 몸살에 걸렸는데 면역력이 떨어지면서 대상포진 증세까지 나타나서 안 아픈 곳이 없었다. 남편이 전화를 했는지, 시골집에서 혼자 살고 계시던 시어머니가 한달음에 달려오셨다.

"이것 마시고 어여 일어나거라. 그래야 아이들도 웃음을 찾고, 남편도 힘을 내지 않겠냐?"

시어머니는 한여름인데 사골국을 끓여 주었다. 통증이 심한 데다 제정신도 아니어서, 손으로 툭 쳐서 엎어버렸는데, 군말하지 않고 치웠다. 그런 다음 다시 사골국을 떠 왔다.

먹는 둥 마는 둥 하고 잠들었다가 눈을 뜨니 새벽녘이었다. 시어머니가 물수건을 든 채로 머리맡에서 꾸벅꾸벅 졸고 있었다. 어릴 적 친정어머니의 모습과 조금도 다르지 않았다.

그날 이후로 친어머니처럼 모시고 살았다. 그런데 근래 들어서 말수도 줄고, 슬금슬금 눈치를 보시는 것이 느껴졌다. 예전에는 함께 어울리길 좋아했는데 요즘에는 외식이나 가족여행에도, "난 됐으니까 너그들끼리 갔다 와라"하고는 슬쩍 빠지기 일쑤였다.

'기분 언짢은 일이라도 있었던 걸까?'

그녀는 근래 있었던 일들을 곰곰이 되짚어보았다. 그러나 특별한 것은 떠오르지 않았고, 그래서 더 답답하기만 했다.

대가족에서 핵가족으로, 핵가족에서 1인 가구로 세대 형태가 변해 가고 있다. 행정안전부 자료에 의하면 2020년 4월 기준 1인 세대 비율은 38.14%로 860만 세대가 넘는다. 2인 세대 비율이 그 뒤를 잇는데 23.04%로 520만 세대가 넘는다. 혼자 살거나 둘이 사는 세대를 합치면 무려 61.18%에 달한다.

1인 가구 비율은 점점 증가하고 있다. 현재 50대들은 부모를 부양하는 마지막 세대가 될 가능성이 점점 높아지고 있다.

노부모를 부양하는 건 생활비는 물론이고 의료비와 간병비 등을 비롯해서 경제적인 부담이 만만치 않은 일이다. 그러다 보니 그로 인한 스트레스 또한 적지 않다. 50대는 이미 퇴직을 했거나 앞둔 시기다. 아이들 대학등록금이나 결혼자금과 같은 목돈이 들어갈 일이 아직 남아 있어서, 노부모를 부양하다 보면 부부 갈등도 커진다.

경제적 능력이 있는 부모라면 부양 자체가 문제 되지 않는다. 자식들이 서로 모시려고 하는데다 훌륭한 설비를 갖춘 요양 시설도 많기 때문이다. 문제는 경제적 능력이 없는 부모를 모셔야 할 때다.

노부모와 함께 산다면 미리부터 준비할 필요가 있다. 혼자 부담하기는 부담되니 형제들끼리 합의해서 직장을 다니는 동안 일정 금액을 매월 이체해 두면, 훗날 목돈이 필요할 때 유용하게 사용할 수 있다. 또, 가족력이나 신체적 특성에 취약한 부분을 파악해서 미리 보험을 들어놓으면 병원비를 아낄 수 있다.

노년이 되면 우울감이 증가한다. 배우자, 가족, 친구 등의 죽음으로 인한 관계의 상실, 노화로 인한 신체적 상실, 노동을 더 이상 하지 못하는 데서 오는 경제적 상실 등을 겪으면서 감정의 골이 깊어져서 쉽게 흥분하기도 하고, 오히려 둔감해지기도 하는 등 성격 자체가 변하기도 한다.

또한 융통성이 사라져서 기존에 해 왔던 방법을 고수하는 경직성이 두드러지고, 자신이 오래 소유한 물건에 대한 애착심이 깊어진다. 성 역할에도 변화가 생겨서 남자는 여성처럼 부드럽게 변하고, 여성은 남성처럼 거칠어지기도 한다. 내향성도 증가해서 속마음을 표출하기보다 속으로 되씹는 경우가 많고, 수동성이 증가해서 우연이나 신비의 힘을 무작정 신봉하는 경향을 보이기도 한다.

생명은 짧아지고 상실감은 깊어져만 가는 노부모를 모시는 일은 쉽지 않다. 늙으면 아이가 된다는 말처럼 점점 융통성은 사라지고, 고집만 세져서 주변 사람들을 힘들게 한다.

그럼에도 불구하고 최대한 정성을 다해서 모셔야 한다. 명심보감에도 "자식이 효도하면 어버이는 즐거워하고, 집안이 화목하면 모든 일이 이루어진다"고 했다.

후반생을 오래 살수록 회상의 시간도 늘어난다. 노년에 가장 많이 후회하는 것이 부모님 생전에 못다 한 효도다. 효도에도 때가 있다. 훗날 꿈자리가 뒤숭숭하다고 괜한 부모님 묫자리 파헤치지 말고, 살아 계실 때 잘하자.

제4장

"마지막에 할 일을 처음부터 알고 있지 않으면 안 된다.
무엇이 만들어질 것인가는 처음부터 결정된다."

괴테

일, 수입보다는 행복이 먼저

퇴직의 시간은 불현듯 찾아온다

중소기업 부장인 P는 요즘 퇴사를 놓고 고민 중이다. 자신의 밑에서 일을 배웠던 30대 후반의 사장 아들이 전무로 승진하면서 입지가 불편해진데다, 하는 일마다 사사건건 트집을 잡기 때문이었다.

'이제 그만 나가라는 건가?'

하루에도 몇 번씩 퇴사 욕구가 일었지만 퇴사한들 마땅히 갈 곳도 없었다. 그러던 어느 날 집 근처 피트니스센터에 갔다가 영업부 강 과장을 만났다. 반가워서 이야기를 나누다 보니 헬스 트레이너로 아르바이트를 하고 있다고 했다.

"부장님, 비밀 지켜주실 거죠?"

그는 강 과장의 근육질 몸매를 바라보며 고개를 끄덕였다. 솔직히 부럽기도 했고, 부끄럽기도 했다. 고작 30대 중반인데도 미래를 대비해서 투잡을 뛰는데, 자신은 그동안 너무 안일하게 직장 생활을 해 왔다는 생각이 들었다.

'몸 바쳐 일한들, 회사는 나의 후반생을 보장해 주지도 않는데….'

코로나19로 인해서 기업 실적이 악화하면서 해고가 쉬워졌다. 수많은 노동자들이 언제 해고 통보를 받을지 모르는 상황에 직면해 있다.

직장인들도 퇴직이나 이직에 대한 인식이 과거와는 많이 달라졌다. 회사에 대한 충성심은 사라졌고 몸값을 올릴 수 있는 기회가 있거나 적성에 맞는 일이 있다면 얼마든지 옮길 수 있다는 마인드를 갖게 된지 오래다.

미래에 대한 불확실성이 커지고, 고용이 불안해지자 투잡을 뛰는 직장인이 늘어나고 있다. 최근 인크루트에서 실시한 설문조사에 의하면 직장인 10명 중 7명이 투잡을 해 봤으며, 월 평균 소득은 86만 5,000원으로 나타났다.

투잡을 하는 이유로는 '부가수입이 필요하기 때문'이라고 답한 사람이 68%로 가장 많았고, 투잡 종류(복수응답)로는 서빙, 매장관리 등 '서비스직'이 31%로 가장 많았다. 이어서 사무직, 편집, 디자인 등 '재택근무'가 25%로 그 뒤를 이었다. 그밖에 대리운전, 음식 배달, 택배, 퀵서비스 등을 일컫는 'O2O 서비스'도 12%에 이르렀고, '강사, 강의'는 9%, '자영업, 쇼핑몰'이 6%, 유튜브, 1인 방송 등 '미디어'가 5%였다.

회사가 나의 미래를 책임지지 않는다. 능력을 인정받아서 임원도 되고, 정년퇴직을 할 수 있다면 더없이 좋겠지만 임원이 되는 사람도 몇 안 되는 데다, 정년을 채우고 퇴직하는 사람은 소수에 불과하다.

변화하는 세상에 맞게끔 늦어도 40대부터는 퇴직 후의 상황에 대해서 진지하게 고민해 보고, 현실적인 대비책을 마련할 필요가 있다.

퇴직하면 가장 큰 고민은 경제적인 부분이다. 전문가들은 국민연금, 개인연금, 퇴직연금으로 노후를 대비하라고 하지만 최근의 설문조사에 의하면, 중산층 가운데 '3층 연금제도'에 모두 가입한 경우는 13.7%에 불과했다. 대다수는 퇴직 후에도 계속 일을 해야 하는 상황이다.

따라서 직장에 몸담고 있을 때 후반생을 준비해야 한다. 귀농이든, 창업이든, 새로운 직업이든지 간에 제대로 준비하려면 어느 정도의 시간이 필요하다.

회사 내규에 법적으로 규제하고 있지 않다면 투잡을 뛰는 것도 나쁘지 않다. 실무에 필요한 기술이나 노하우 등을 배울 수 있고, 부수입도 올릴 수 있고, 훗날 이직이나 사업을 할 때 성공 확률도 높일 수 있다.

또한 퇴직하고 나서 직장을 새로 구하기보다는 직장에 다니는 도중에 이직하는 쪽이 연봉 협상할 때도 유리하다. 퇴직하기 전에 자기소개서를 깔끔하게 정리해 둘 필요가 있다. 그동안 해 왔던 직무, 프로젝트 추진 과정과 결과, 나의 강점 등을 상세하게 기록해 두면 이직할 때는 물론이고 새로운 진로를 설정하는데도 도움이 된다.

물론 언제든지 떠날 마음의 준비가 됐다면, 재직 중인 회사에 누가 되지 않도록 업무 내용은 물론이고 거래처와의 관계 등을 꼼꼼하게 기록해서, 인수인계에 차질이 없도록 해야 한다. 사람은 만날 때보다 떠날 때 인성이 드러나는 법이다. 사람 일이란 어떻게 될지 모르므로, 평판 관리를 해서 좋은 이미지를 남겨놓는 것이 현명한 처세술이다.

다소나마 여유가 있을 때 후반생을 체계적으로 준비하라. 사서오경 중 하나인 《중용》에서는 준비에 대해서 이렇게 말한다.

"일은 미리 준비하면 성공할 수 있고, 준비하지 못하면 실패한다. 말은 미리 생각해 두면 실수가 없다. 일을 사전에 계획해 두면 곤란에 처하지 않고, 행동하기 전에 목표가 서 있다면 후회가 없다. 또 목적지가 명확하다면 막히는 일이 없다."

세상이 급변하고 있다. 당신의 예상보다 퇴직 시기가 훨씬 빨라질 수도 있다. 퇴직한 후에 후회를 해봤자 소용없다. 준비할 수 있는 시간이 별로 없음을 인식하고 더 늦기 전에 서둘러라!

후회 없는 일을 찾아서

━

의류회사 마케팅팀장으로 일하다 퇴사한 M은 신도시에 패스트푸드점을 열었다. 아파트 주민이 입주하는 초기여서 거리는 한산했고, 매출은 저조했다. 그런데 맞은편의 중국집은 배달 주문이 끊이질 않았다.

파리 날리는 가게에서 바이크를 타고 분주히 드나드는 중국집 배달원을 보고 있으니 마음이 초조해졌다. 그는 결국 1년 만에 가게를 다른 사람에게 넘기고, 한 블록 위에다 중국집을 개장했다. 한동안 장사가 잘되나 싶었는데, 주변에 중국집이 우후죽순으로 늘어나면서 매출이 점점 줄어들었다.

그러던 중 지인이 매운 떡볶이 체인점을 추천했다. 매장 위치가 중요하다고 해서 번화가에다 가게를 열었다. 한동안은 손님이 끊이질 않았는데 새로운 종류의 맛집이 계속 들어서면서 임대료가 부담스러운 처지가 되었다. 2년 남짓 버티다가 도저히 적자를 감당할 수 없어 폐업을 했다.

결국 자본금을 모두 날리고 빚더미에 앉은 그는 새로운 사업을 물색하러 돌아다녔다. 그러던 중 우연히 퇴직 후 처음 시작했던 패스트푸드점이 손님으로 미어터지는 것을 발견했다.

'아, 부화뇌동하지 말고, 버텼어야 했는데….'

뒤늦게 땅을 치며 후회해 봤지만 이미 버스는 떠난 뒤였다.

코로나19로 인해서 자영업이 위기에 처하기 이전에도 자영업의 성공률은 낮았다. 85%가 3년 이내에 폐업하고, 현상 유지는 12%, 성공하는 경우는 고작 3%에 불과했다. 전문가들은 실패 요인으로 짧은 준비 기간, 트렌드 업종에 치중, 낮은 진입장벽 등을 들었다.

한국의 취업자, 네 명 중 한 명이 자영업자이니 무려 25%에 달한다. 1980년에는 자영업자 비율이 50.8%였고, 2000년에는 30.8%였다. 감소 추세에 있지만 국가 경제 규모에 비해서 여전히 높다. 자영업 비중이 높은 데는 조세 회피 등 여러 가지 이유가 있겠지만, 앞당겨진 퇴직 연령과 실업급여 불충분으로 인한 생계형 창업이 가장 큰 요인이 아닐까 싶다.

직장을 다니다 보면 자영업에 눈길이 가기 마련이다. 월요병이나 출근 스트레스 없이, 내가 노력한 만큼의 성과를 올려

보고 싶다는 욕구에 사로잡히게 되는 것은 어쩌면 당연한 일일 지도 모른다.

경험자들은 장사는 일찍 시작할수록 여러모로 유리하다고 입을 모아 말한다. 몇 번의 시행착오를 겪다 보면 성공 확률이 점점 높아진다는 것이다.

전반생에서 자영업을 시작하는 것과 후반생에서 자영업을 시작하는 것에는 미세한 차이가 있다. 나이를 먹으면 뇌가 보수적으로 변해서, 트렌드를 파악하기가 쉽지 않고, 시대 변화에 맞춰서 발 빠르게 변신하기 또한 쉽지 않다. 자칫하면 뒷북치다가 손실만 키우기 십상이다.

후반생에서 자영업을 해 보고 싶다면 제일 먼저 숨겨진 나의 욕구부터 정확히 파악할 필요가 있다.

'내가 꼭 해 보고 싶은 일은 무엇인가?'

'무슨 일을 하면 잘 할 수 있을까?'

'이 일에서 내가 과연 긍지나 보람을 느낄 수 있을까?'

나의 욕구를 파악했다면 직업의 본질에 대해서 본격적으로 고민해 봐야 한다. 업業에 대한 관찰과 성찰이 있어야 성공 확률을 높일 수 있다.

예를 들어 아모레퍼시픽은 화장품을 파는 것이 아니라 '아름다움'을 팔고, 에이스 침대는 가구가 아닌 '상쾌한 아침'

을 팔고, 할리데이비슨은 바이크가 아니라 '일상의 일탈'을 판다.

같은 요식업이라고 해도 단지 '먹는 것'을 파는 가게와 '즐거움'을 파는 가게는 많은 차이가 있을 수밖에 없다.

《인간관계론》의 저자인 데일 카네기는 이렇게 말한다.

"내가 알고 있는 최대의 비극은 많은 사람들이 자기가 진정으로 하고 싶은 일이 무엇인지 알지 못하고 있다는 것이다. 단지 급료에 얽매어 일하고 있는 사람처럼 불쌍한 인간은 없다."

안정적인 후반생을 보내고 싶다면 수익성을 쫓기 보다는 내가 하고 싶은 일, 보람이나 긍지를 느낄 수 있는 일, 실패한다고 해도 후회하지 않는 일을 찾아서 시작하는 것이 좋다. 그래야만 어려움이 닥쳐도 포기하지 않고, 꿋꿋하게 이겨낼 수 있다.

편견을 버려야 새로운 직업이 보인다

—

만년 차장인 R은 대전으로 발령받았다. 대학생인 아들이 있어서 가족은 남겨두고 혼자서 대전으로 내려갔다. 처음에는 모든 게 낯설고 어색했는데 막상 살아보니 대전 생활도 나쁘지 않았다.

자취방 근처에 카페가 있어서 자주 드나들다 보니 주인 부부와 가까워졌다. 1층은 카페고 2층이 살림집이었다. 고3인 딸이 졸업하면 카페를 처분하고서, 고향으로 돌아가서 살 계획이라고 했다. 건물의 시세를 물어보니 서울의 아파트를 팔면 매수하기에 충분했다.

그는 아내와 논의 끝에 카페 건물을 인수하기로 합의했다. 아내는 그때부터 학원에 다니며 바리스타 자격증과 제빵 제과 자격증을 취득했다. 그는 주말에는 카페에 나와서 일을 도와주면서 카페 운영에 대해서 배웠다.

1년 뒤, 서울의 아파트를 팔고 카페 건물을 샀다. 그는 계속 직장을 다녔고, 아내가 아르바이트생을 써 가며 운영했다. 퇴근 후에는 곧바로 돌아와 카페 일을 도왔다.

그는 2년 남짓 직장을 더 다니다가 그만두었다. 그때부터 본격적으로 카페 일에 매달렸다. 매달 가겟세가 나가지 않는 데다 별도의 인건비도 나가지 않아서, 매출에 대한 부담이 없었다.

비록 수입은 줄어들었지만 그는 후반생이 만족스럽다. 자신이 꿈꿔 왔던 사업을 하는 데다 아내와 함께하는 시간도 늘어났기 때문이었다.

퇴사 후에 할 수 있는 일은 크게 나누면 세 가지 유형으로 분류할 수 있다.

첫째, 재취업

정식 직원이 되거나 계약직으로 일하는 경우다. 동종업계에 동일한 직무에 취업하면 좋겠지만 경쟁률이 높아서 재취업이 쉽지 않다. 아예 경력이나 노하우 등을 살려서 계약직으로 입사하는 편이 수월하다. 기업은 저비용으로 경력이 풍부한 직원을 채용할 수 있어서 계약직을 선호하는 경향이 있다. 비록 다른 산업일지라도 직무가 동일하다면, 커리어를 잘 정리해서 어필하면 정규직 이든 계약직이든 취업이 가능하다. 하지만 다른 산업인데 직무마저 다른 경우에는 재교육을 받아야 한다.

둘째, 창업

창업에는 다섯 가지 종류가 있다

1) 1인 기업 : 책 집필, 강연, 컨설팅 등 전문성을 살려서 지식 판매업에 본격적으로 뛰어드는 경우다. 노력 여하에 따라서 고수익도 가능하다. 그러나 수입이 불규칙적이고, 안정적으로 자리 잡기까지는 상당한 시간이 걸린다.

2) 외주 창업 : 기업은 몸집을 줄여서 변화에 빠르게 대처하기 위해서 직원을 채용하는 대신 전문성을 지닌 프리랜서들을 고용한다. 회계, 전산, 교육, 인사, 구매, 온라인 마케팅, 데이터 분석, 리서치, 식당 운영, 청소 등 종류도 다양하다. 홍보 능력과 협상 능력만 있다면 충분히 도전해 볼만한 분야다.

3) 전문가 창업 : 전문성을 지닌 몇 명이 모여서 공동의 브랜드를 만든 뒤, 협동조합이나 소규모 기업 형태로 일하는 경우다. 정부에서 사회적 경제를 장려하고 있는데, 지원 사업도 펼치기 때문에 아이템만 잘 선정하면 지원도 받을 수 있다.

4) 사회 공헌 활동 : 전문성을 활용해서 사회에 공헌하는 일을 하는 경우다. 고용노동부와 각종 지방자치단체에서 사업기관 등에

위탁한 일자리를 찾아서 참여하면 된다. 많은 돈은 아니지만 교통비나 식사비 정도의 실비를 받으며 활동할 수 있다. 서울시의 경우에는 '50플러스 재단'을 통해 다양한 일자리를 손쉽게 찾아볼 수 있다.

5) 귀농 : 귀농은 시골의 목가적인 삶을 동경해서 이주하는 귀촌과는 완전히 다르다. 귀농은 농어촌에 거주하며 농업에 종사하는 경우를 의미한다. 일반적인 창업과 마찬가지로 철저한 사전 준비가 필요하다. 어떤 작물을 경작해서 어떤 유통 경로를 거쳐서 판매할 것인지에 대해서 만반의 준비가 되어 있어야만 성공할 수 있다. 각 지자체에서 성공적인 귀농을 돕기 위한 지원센터를 운영하고 있으니 사전에 방문해서 성공 사례와 실패 사례 등을 들어볼 필요가 있다.

셋째, 창직創職

스스로 직업을 만드는 경우다. 시대가 바뀌면 기존의 직업이 사라지고 새로운 직업이 생긴다. 평상시 주변을 잘 관찰해 보라. 세상의 흐름을 주시하다 보면 시대에 맞는 새로운 직업을 만들 수 있고, 기존의 직업을 변형하거나 융합해서 새로운 형태의 직업을 만들 수도 있다.

미국의 가장 위대한 법사상가로 불리는 올리버 웬델 홈즈 2세는 "모든 직업은 위대한 것이다"라고 말했다.

편견을 버리고 새로운 직업을 찾아보면 의외로 많은 직업들이 숨겨져 있다. 후반생을 재미있게 보낼 수 있는 직업을 찾아낸다면 기쁨이 남다르지 않겠는가.

창업할 때 반드시 지켜야 할 5가지

—

　화학회사 구매팀장이었던 L의 명예퇴직이 확정되자, 회사에서는 다른 일자리를 알아보라며 6개월의 유예 기간을 주었다. 그는 거래처를 돌아다니며 새로운 직장을 알아보다가 대학교 선배가 하는 홍대 앞의 카페에 들렀다. 이직을 해야 하는데 마땅한 일자리가 없다고 하자, 선배가 불쑥 제안을 했다.

　"그러지 말고, 이 가게를 인수하는 건 어때?"

　선배는 뉴질랜드로 이민을 가기 위해서 가게를 내놓았다고 했다. 그는 귀가 솔깃했다. 자주 드나들던 가게여서 장사가 잘된다는 사실은 이미 알고 있었다. 낮에는 커피를 팔긴 하지만 주요 매출은 저녁의 술장사였다. 밤이 되면 가게가 손님으로 꽉 차곤 했다. 그래도 혹시나 몰라서 매출까지 꼼꼼히 확인한 뒤, 퇴직금으로 보증금을 내고, 아파트 대출을 받아서 권리금을 지불했다.

인수하고 6개월 동안은 장사가 제법 잘 됐다. 기존 단골손님이 찾아왔고, 그의 지인들이 개업을 했다고 찾아주었기 때문이다. 그런데 시간이 지나면서 기존 손님들의 방문 횟수가 점점 줄어들었고, 지인들의 관심마저 멀어지면서 매출이 뚝 떨어졌다.

엎친 데 덮친 격으로 임대 계약 기간이 끝나자 건물주는 기다렸다는 듯이 임대료 인상을 요구했다. 임대료를 올려주면서까지 장사하기는 매출이 저조했고, 그렇다고 장사를 접자니 권리금을 날릴 판이었다.

그는 비로소 선배가 장사를 접고 이민을 선택한 이유를 알 것 같았다. 홍대 상권의 가치가 점점 하락해서 권리금을 주고 장사할 만큼 매력적이지 않았다. 그는 뒤늦게 막차를 탔다는 사실을 깨달았지만 발을 빼자니 생돈만 날릴 판이었다.

후반생에서의 창업은 살얼음판 건너듯이 조심할 필요가 있다. 창업할 때는 다섯 가지 사항을 유념하여야 한다.

첫째, 올인하지 마라

초기비용이 많이 드는 창업은 재고할 필요가 있다. 후반생에서는 재산을 날리면 복구하기가 쉽지 않다. 실패하더라도 손실을 최소화해야 한다. 한 방에 성공을 노리기보다는 안정적인 수익을 목표

삼아서, 소자본으로도 할 수 있는 창업을 하라.

둘째, 사업가 마인드를 지녀라

사장과 직장인은 완전히 다르다. 직장인은 시스템 속에서 주어진 업무만 담당하면 되지만 사장이 되면 하나부터 열까지 스스로 판단하고 결정해야 한다. 손님이나 종업원과의 관계는 물론이고, 거래처와도 사업가의 마인드로 접근해야 문제가 생기지 않는다.

셋째, 잘 아는 분야에 뛰어들어라

사업가로 성공하려면 경험과 지식이 있어야 한다. 트렌드를 쫓아가기보다는 평소에 관심이 있고, 잘 아는 분야에서 시작하라. 그래야 사람 쓰기도 편하고, 실패에 대한 두려움 없이 일에만 집중할 수 있다. 만약, 경험이 없다면 경험을 쌓은 다음에 창업하라.

넷째, 고정 지출을 줄여라

사업을 들여다보면 지출을 줄일 수 있는 곳이 있고, 줄여서는 안 되는 곳이 있다. 인건비는 줄일 수 있지만 품질이나 서비스와 관련된 부분은 줄여서는 안 된다. 당연히 들어가야 한다고 생각하는 비용도 새로운 시각으로 접근해서 연구해 보면 줄일 수 있는 방법이 있다.

다섯째, 건강에 유의하라

창업하게 되면 휴일은 물론이고, 매장을 열고 닫는 시간도 자율적으로 정하게 된다. 초반에는 매출에 신경 쓸 수밖에 없는데, 지나칠 경우 잠도 줄이고 쉬는 날도 없이 일하게 된다. 그러다 건강을 잃을 수 있다. 그럴 바에는 차라리 창업을 안 하는 것이 낫다.

오귀스트 르네 로댕은 "경험을 현명하게 사용한다면, 그 어떤 일도 시간 낭비는 아니다"고 했다. 후반생을 성공적으로 살아가기 위해서는 전반생에서 얻은 경험과 지혜를 적절히 사용할 줄 알아야 한다.

무언가가 되기에 늦은 때란 없다

—

여행사에서 일하던 K는 퇴직 후 오랜 세월 꿈꿔 왔던 작가가 되기 위해서 두문불출하고 소설을 썼다. 두 권의 소설을 출간했으나 전업 작가로 살아가기에는 수입이 보잘것없었다.

그는 후반생을 소설가로 살아가겠다는 계획을 변경했다. 글을 쓰며 프리랜서로 살 수만 있다면 장르에 구애받지 않겠노라고. 문장력을 갖춘 데다 불어에도 능했던 그는 번역가로 변신했다. 그러나 노동량에 비해서 수입이 형편없어서 1년 남짓하다가 그만두었다.

다른 일을 찾아서 두리번거리다 보니 시나리오 공모전이 눈에 띄었다. 여행사에서 일했던 경험을 살려서 시나리오를 써서 공모전에 제출했는데 덜컥 당선이 되었다. 상금을 받은 돈으로 한동안 시나리오를 쓰며 버텼다. 그러나 수입이 불규칙적이고, 신인이다 보니 일거리도 잘 들어오지 않았다.

그는 출판계에서 오랫동안 일했던 선배를 찾아가서 상담을 했다. 선배는 이야기도 척척 만들고, 상상력도 뛰어나니 웹소설을 써보라고 했다.

틈나는 대로 인기 웹소설을 찾아 읽으면서 몇 편을 직접 써 보았다. 처음에는 창작 사이트에 올려도 조회수가 100도 넘지 않았다. 그런데 실패를 거듭하다 보니 요령을 알 것 같았다. 그는 몇 번의 도전 끝에 공모전에 당선되었다. 공모전을 주최한 출판사와 계약을 맺었고, 본격적으로 웹소설을 쓰고 있다. 현재 그는 네이버에서 잘나가는 무협소설 작가로 활동 중이다.

'무슨 일을 하며 후반생을 살 것인가?'

많은 사람들이 고민하는 부분이다. 어차피 해야 할 일이라면, 평소 하고 싶었던 일이나 가치 있는 일에 도전해 보는 것도 나쁘지 않다.

안정적인 삶을 추구하다 보면 전반생을 단조롭게 살게 된다. 큰 변화 없이 입사한 회사에서 퇴직하거나 비슷한 업종의 회사로 옮겨서 비슷한 일을 하다 퇴직한다. 그러다 보니 나에게 어떤 재능이 있는지 파악할 기회조차 없다.

자신의 숨은 재능이 무엇인지 모를 때는 어릴 적에 광적으로 좋아했던 것, 자신만만하게 보이는 것, 하다 보면 시간 가는 줄도 모르는 것 등에 도전해 볼 필요가 있다.

창의력이 필요한 일이라면 겁부터 집어먹지 말고 모방과 따라 하기부터 시도해 보라. 이 세상에 없던 것들이 갑자기 나타나는 경우는 극히 드물다. 미완성 작품이 사람들의 손을 거쳐 완성된 모습으로 세상에 모습을 드러내거나, 완성된 작품에 누군가의 생각이나 철학이 덧입혀져서 새로운 모습으로 우리 앞에 나타나는 것이다.

비록 기존의 것일지라도 융합하고 복합하면 새로운 창작물을 만들 수 있다. 상식의 틀을 깨거나, 낡아서 아무도 눈여겨보지 않는 것에 새로운 가치를 부여하거나, 황당무계한 아이디어일지라도 시각을 바꾸면 새롭게 변신한다.

후반생은 단조로운 삶을 살아왔던 사람들에게는 좋은 기회다. 목표를 제대로 정한 뒤 도전 정신만 잃지 않는다면, 활력 넘치고 재미있는 인생을 살 수 있다.

일찍부터 사회에 뛰어들어서 다양한 일을 하며 살아왔다면 경험을 적극 활용하거나, 서로가 필요로 하는 사람을 만난다면 전반생보다 멋진 인생을 살 수 있다. 직업 선택의 폭도 넓고, 새로운 직업을 만들기에도 유리하다.

설령 뜻대로 일이 풀리지 않는다 하더라도 쉽게 포기하지 말고, 여기저기 문을 두드려라. 두드리다 보면 뜻밖의 곳에서 새로운 운명을 맞이할 수 있다.

영국의 소설가이자 시인인 조지 엘리엇은 "당신이 되어 있을지도 모르는 무언가가 되기에 늦은 법은 없다"고 했다.

과감하게 꿈에 도전해 보라. 목숨은 하나뿐이지만 인생은 둘이고, 두 번째 인생을 덤이라고 생각한다면, 두려움 없이 도전해볼 만하지 않겠는가.

일하면서 삶의 의미 찾기

—

　7년 남짓해 오던 편의점을 정리하고 나자, S의 마음속에는 쉬고 싶다는 생각뿐이었다. 일찍이 사회에 뛰어들어서 여러 가지 사업을 하다 보니 전반생이 훌쩍 지나가고 말았다.

　집에서 빈둥거리다 보니 3년이 순식간에 흘러갔다. 보람된 일을 해 보고 싶어서 기웃거리다가 그가 선택한 일은 요양 관리사였다.

　장사하느라 한창 바쁘던 시기에 어머니가 뇌졸중으로 쓰러졌다. 거동이 불편해서 10년 가까이 침상 생활을 하는 동안, 그가 들여다본 것은 고작해야 1년에 두세 번이었다. 어머니가 돌아가시고 나자, 자신의 손으로 목욕 한 번 시켜주지 못한 게 너무나 죄송했다.

　마음의 빚 때문일까. 그는 불편한 노인들을 돌봐 주는 일에서 삶의 의미를 느꼈다. 목욕시켜 주는 일은 물론이고, 기저귀를 갈아 주는 일도 싫지 않았다.

장사를 할 때는 오로지 성공해서 부자가 되겠다는 욕망뿐이었다. 주머니 사정을 떠나서, 지인이나 이웃을 챙길 마음의 여유가 없었다. 자기 먹고 살기도 정신없는데 타인에게 도움을 준다는 것은 분수를 모르는 짓이며, 일종의 사치라고 생각했다.

그런데 요양 관리사로 일하는 사이 생각이 완전히 바뀌었다. 사람은 서로가 돕고 사는 존재이며, 도움을 주는 사람은 도움을 받은 사람보다 더 큰 기쁨을 얻는다는 사실을 몸으로 체득하였다.

그는 요즘 매사에 감사하며 살아가고 있다. 세상도 그 어느 때보다 아름다워 보여서, 출퇴근길에는 콧노래가 절로 나온다. 장사할 때도 문득, '나는 과연 잘살고 있을까?'라는 물음을 던지곤 했는데, 한 번도 자신 있게 대답해 본 적이 없었다. 하지만 이제는 자신 있게 대답할 수 있다.

'멋진 인생이야!'라고.

'무엇이 가치 있는 삶인가?'

소크라테스는 일찍이 "성찰하지 않은 삶은 살 가치가 없다"고 했다. 하버드대학교 철학 교수인 로버트 노직은 "삶을 성찰하면서 얻은 이해는 그 자체로 삶에 스며들고 삶의 경로를 좌우한다. 성찰된 삶을 사는 것은 자화상을 그리는 것과도 같다”고 말한다.

후반생을 살아가면서 우리는 가끔 삶을 성찰해야 한다. 그래야 내 마음이 이끄는 대로, 원하는 인생을 살 수 있다.

나이를 먹을수록 ‘더불어 사는 삶’을 살아야 한다. 젊었을 때는 눈앞의 목표가 뚜렷하기에 혼자서 살아도 고독을 모르지만, 나이를 먹으면 목표는 사라지고 고독만 남게 된다. 똑같이 죽음을 향해서 걸어간다고 할지라도, 함께 살아가는 사람의 발걸음이 가벼울 수밖에 없다.

단순하게 돈을 버는 행위를 뛰어넘어서, 일하며 보람을 느끼고 싶다면 사회적 기업, 마을기업, 협동조합, 사회적 공헌 일자리 등에 관심을 가져 볼 필요가 있다.

사회적 기업이란 ‘영리기업과 비영리기업의 중간 형태로서 사회적 목적을 우선으로 추구하며, 재화·서비스의 생산·판매 등 영업 활동을 수행하는 기업’을 말한다. 정부의 지원 사업 가운데 하나이며, 고용문제 해결에 대한 대안으로 사회적 기업에 대한 기대가 높아지고 있는 실정이다.

마을기업은 ‘지역 주민이 지역 자원을 활용한 수익산업을 통해서 소득 및 일자리를 창출하여, 지역 공동체 이익을 실현하는 마을 단위의 사회적 경제조직’이다. 고용노동부가 2018

년부터 사업개발비를 지원하고 있어서, 아이템만 잘 선정하면 돈도 벌면서 보람도 얻을 수 있다.

협동조합은 '공동의 경제적·사회적·문화적 필요성을 공감하는 사람들이 자발적으로 만든 기업'이다. 뜻이 맞는 사람들끼리 모여서 토론하다 보면, 경험과 재능을 활용한 다양한 종류의 협동조합 설립이 가능하다. '한국사회적기업진흥원', '협동조합지원센터', '마을공동체지원센터' 등을 비롯해서 다양한 기관으로부터 지원을 받을 수 있다.

사회적 공헌 일자리는 비교적 적은 금전적 보상에도 불구하고, 자기 만족도와 성취감을 위해서 참여하는 봉사적 성격의 사회공헌 활동을 말한다. 전반생의 경험과 전문성을 살려서, 자유롭고 탄력적으로 일할 수 있다는 것이 장점이다. 업무로는 방과 후 학습지도, 초등 돌봄 교실 도우미, 취약 계층의 진로 상담, 문화해설사, 문화재지킴이, 시각장애인 생활이동 지원, 공공복지 서포터 등 종류도 다양하다.

레오나르도 다빈치는 "보람 있게 보낸 하루가 편안한 잠을 가져다주듯이, 값지게 쓰인 인생은 편안한 죽음을 가져다 준다"고 했다.

뜻 맞는 사람들과 더불어서 이웃을 위한 삶을 산다면 후반생이 신나지 않겠는가.

반성일기와 칭찬일기

—

50대 중반에 중견기업 전무로 퇴직한 H는 7년째 일자리를 찾고 있다. 퇴직할 때만 해도 재취업에 대해 크게 걱정하지 않았다. 마음에 드는 조건은 아니었지만 오라는 곳도 몇 군데 있었고, 구상해 놓은 사업도 있었기 때문이었다.

그동안 정신없이 일만 했으니 일단은 좀 쉬고 싶었다. 가족들과 해외여행도 다녀오고, 친구들과 함께 골프도 치러 다니고, 해외 산행도 다녀왔다.

3년쯤 지나자 슬슬 노는 것도 지겨워졌다. 구상해 놓았던 사업을 해 보려고 시장 조사를 하니 이미 누군가 시작하고 있었다. 그런데 예상과는 달리 부진을 면치 못하고 있었다.

사업 쪽은 위험 부담이 커서 접기로 하고, 본격적으로 일자리를 알아봤다. 괜찮은 일자리는 될 듯싶다가도 결국 안 되곤 했다. 시간이 흐르면서 양질의 일자리는 점점 줄어들었고, 몇 년 지나자 간간이 아파트 경비나 주차 관리 같은 일자리가 들어왔다. 경제적인 여유가 있어서 고민 끝에 거절했더니 그 뒤로는 일자리가 뚝 끊어졌다.

마지막으로 일자리 제안이 들어왔던 것이 2년 전이었다. 지금은 아예 오라는 곳조차 없었다. 그는 동네를 산책하다가 주유소 주유원을 모집한다는 공고를 발견했고, 해 볼까 말까를 놓고 고민 중이다.

경제적인 이유보다도 일이 하고 싶었다. 하지만 주유소가 동네에서 얼마 떨어지지 않은 곳이다 보니, 지인이라도 마주칠까 두려웠다.

후반생에서 새로운 일자리를 찾기란 예상보다 쉽지 않다. 체면이나 위신 따위를 내려놓기가 만만치 않기 때문이다.

전반생을 체면과 위신을 중히 여기며 살아왔는데, 사람이 어떻게 하루아침에 변하겠는가. 대다수는 시간이 지나면서 차차 변하지만 더러는 오히려 더 중히 여기기도 한다.

인간의 뇌는 어떤 계기로 자각하거나 환경이 바뀌어서 불이익을 당하지 않는 한, 기존의 것들을 가능한 유지하려는 경향이 있다. 재취업을 하고 싶다면 일기를 써서, 내가 처한 상황을 객관적인 시선으로 냉정하게 바라볼 필요가 있다.

뇌는 자기 합리화에 능해서 똑같은 실수를 수없이 반복한다. 반성일기는 객관적인 시선으로 나의 단점이나 잘못을 돌아봄으로써 삶을 개선하게 하는 효과가 있다.

그러나 계속 반성만 하다 보면 감정적으로 침체되어서 우울해진다. 반성일기를 쓰고 나면 칭찬일기로 기분 전환을 해야 한다. 그래야 자신감을 잃지 않고, 미래에 대한 낙관적인 시선을 유지할 수 있다.

일기를 꾸준히 쓰다 보면 내가 왜 재취업을 못 하는지 그 이유와 함께 체면이나 위신이 실제 삶에서 차지하는 비중은 그리 크지 않다는 사실을 깨닫게 될 것이다.

재취업 기간이 길어진다는 것은 적극성이 부족하거나 마음속에 장벽이 있기 때문이다. 일기를 쓰다 보면 나를 성찰하게 되어서, 마음의 장벽을 허물 수 있고, 사물의 본질을 꿰뚫어 볼 수 있는 힘이 생긴다.

당나라 시대의 선승인 임제 선사의 언행을 수록한《임제록》에 '수처작주 입처개진隨處作主 立處皆眞'이라는 말이 나온다. '어디서든 주인이 되면, 서 있는 곳이 곧 진리다'라는 의미다.

설령 악취가 코를 찌르고 오물이 발목까지 잠기는 돼지우리라 할지라도 마음만 바꿔 먹으면 천국처럼 느껴진다. 반대로 아름다운 꽃들이 지천으로 피어 있고 향기로운 꽃향기가 진동할지라도, 마음이 불편하면 지옥에 떨어진 듯 괴롭다.

일에 귀천이 어디 있겠는가. 정작 중요한 것은 내가 마음을 어떻게 먹느냐는 것이고, 어떤 태도로 일에 임하느냐는 것이다.

나이를 먹을수록 뇌는 점점 더 딱딱해지고 고집만 고래 심줄처럼 세져서 주변 사람을 힘들게 한다. 의도적으로라도 유연한 사고와 태도를 취하려고 노력할 필요가 있다.

돌멩이처럼 딱딱해서는 세상과 부딪치며 불화만 일으킬 뿐이다. 물처럼 부드러워져야 세상을 온전히 감싸 안을 수 있다.

제5장

"투자란 철저한 분석을 통해 원금을 안전하게 지키면서도
만족스러운 수익을 확보하는 것이다. 그렇지 않으면 투기다."

벤저민 그레이엄

돈, 모으는 데도 기술이 필요하다

노후 준비에도 골든타임이 있다

—

중공업회사 차장인 G는 구조조정 바람이 불자 가슴이 철렁 내려앉았다. 큰아들과 작은아들을 캐나다로 유학 보내는 바람에 모아놓은 돈이 하나도 없었다. 월급으로도 부족해서 퇴직금까지 중간 정산해서 유학비로 송금했다. 퇴직하게 되면 위로금으로 후반생을 살아가야 할 처지였다.

그는 구조조정이라는 칼바람 속에서 용케 살아남았다. 안도의 한숨과 함께 정신이 번쩍 들었다. 비로소 자산 규모에 비해서 자녀 교육에 무리하게 투자했다는 생각이 들었다.

캐나다에서 고등학교를 졸업하고 대학 입학을 앞둔 큰아들과 중학교를 졸업하고 고등학교 진학을 앞둔 작은아들을 불러들였다. 결국 큰아들은 한국 대학에, 작은아들은 외고에 진학했다.

그는 허리띠를 질끈 졸라맸다. 교육비, 생활비, 용돈, 교통비를 비롯해서 모든 지출을 최대한으로 줄여서 매월 200만

원씩 적금을 부었다. 아내와 아이들이 불평불만을 토로했지만 한 귀로 듣고, 한 귀로 흘려버렸다.

6년이 지나자 1억 7,000만 원 남짓한 목돈이 모였다. 다시금 구조조정 바람이 불었고, 그도 이번에는 피해 가지 못했다.

그 사이에 큰아들은 제대하고 졸업반이 되었고, 작은아들은 대학교 2학년을 다니다 휴학하고 입대했다. 학비가 좀 더 들어가야 하지만 20개월 남짓한 희망 퇴직금과 함께 자녀 장학금을 받아서 부담되지는 않았다.

그는 그동안 모은 돈과 희망퇴직금을 합쳐서 미리 봐두었던 패스트푸드점을 차렸다. 길목이 좋은 곳이어서 은행에서 5,000만 원을 대출받았지만 매출은 예상보다 잘 나왔다.

가게 문을 닫고 밤길을 걸어가다 보면 가끔 6년 전의 암담했던 순간이 떠오른다. 만약 그때 퇴직했더라면 지금은 과연 어디서 무엇을 하고 있을까를 상상하며 몸서리를 치곤 한다.

퇴직 후 은퇴 자금은 얼마나 필요할까? 2018년 12월에 발표한 국민연금연구원의 '중고령자의 경제생활 및 노후준비 실태' 보고서에 따르면, 적정 노후생활비가 부부는 월 243만 3,900원, 개인은 월 153만 7,100원이 필요할 것이라고 한다.

부부가 은퇴 후 20년 동안 산다고 가정하면 5억 8,413만 원,

30년을 산다고 가정하면 8억 7,620만 원이 필요하다. 만약 50세에 퇴직해서 평균 수명인 82세까지 산다고 가정하면 9억 3,460만 원이 있어야 한다.

물론 늙어갈수록 소비가 줄어 생활비가 적게 들지만 병원비와 약값이 들어가기 때문에 별도의 보험에 가입되어 있지 않다면 이 정도 금액은 준비하고 있어야 안심할 수 있다. 물론 매월 나오는 국민연금과 개인연금까지 계산에 넣게 되면, 연금을 많이 타면 탈수록 노후준비 비용도 그만큼 줄어든다.

주택을 소유하고 있다면 주택 연금에 가입하는 것도 하나의 방법이다. 주택 연금이란 집을 담보로 맡기고, 자기 집에 살면서 매달 국가가 보증하는 연금을 받는 제도다.

소득이 있을 때 가입하기보다는 나이를 먹어서, 더 이상 소득을 창출할 수 없을 때 가입하게 되면, 매월 수령할 수 있는 금액이 늘어난다. 예를 들어서 3억 원의 주택으로 55세에 종신지급방식의 정액형(2020년 4월 1일 기준)에 가입할 경우, 46만 원을 받는다. 그러나 70세에 가입하면 92만 2,000원을 받을 수 있다.

주택연금 가입자는 매년 증가하고 있다. 2007년 시행 첫해에는 515명에 불과했으나 2016년에는 3만 9,429명으로 늘어났고, 2020년 9월 말 기준으로는 7만 8,379명이 가입했다.

가입자 평균 연령은 72세이고, 주택 가격은 평균 2억 9,800만 원, 월평균 수령액은 102만 원이다.

주택 연금의 단점은 집값이 올라도 연금 수령액에는 변함이 없고, 물가 상승률이 반영되지 않는다는 점이다.

경제가 어려워지면서 구조조정을 하는 기업이 늘어나고 있다. 할 수만 있다면 30대부터 국민연금은 물론이고 퇴직연금 이나 개인연금에도 가입해서 차근차근 후반생을 준비하는 것이 바람직하다. 그러나 이미 늦었다면 최소 5년 전부터라도 퇴직 후의 상황에 대해서 계획하고 준비해야 한다.

미국의 정치가이자 과학자인 벤저민 프랭클린은 "준비에 실패하는 자는 실패를 준비하는 것이다"라고 했다.

인생이 실패로 끝나기를 바라지 않는다면, 시간이 있을 때 후반생을 철저히 준비해야 한다. 허리띠를 풀지 마라. 노년에 돈이 없으면 비참하고 외롭다.

오십에 가장 중요한 공부, 자산관리

—

36년 동안 교사로 근무한 C는 정년을 3년 남겨놓고 명예퇴직했다. 명예퇴직 수당과 퇴직 수당을 합치니 1억 6,000만 원 남짓 되었다.

이 돈을 어떻게 해야 할지 몰라서 고민하고 있는데, 증권사에 근무하는 사촌 조카가 찾아와서 해외 파생상품펀드에 대해서 설명한 뒤 묻어두라고 했다. 손해 볼 일은 전혀 없고, 일정한 고수익을 얻을 수 있다는 말에 혹해서 돈을 입금했다.

조카가 가고 나서 곰곰이 생각해 보니 불안했다. 조카가 증권사에 입사하던 해에 조카의 권유로 투자했던 우량주 삼성전자, 현대중공업, 대한항공 주식은 무려 10년 가까운 세월이 흘렀건만 계좌는 여전히 적자였다. 삼성전자에서는 세 배남짓한 수익이 났지만 현대중공업과 대한항공에서 큰 손실이 났기 때문이었다. 우량주니까 언젠가는 본전을 되찾겠지 싶어서 기다리고 기다렸건만, 돌이킬 수 없는 병처럼 손실만 점점 더 커져갈 뿐이었다.

큰아들 결혼시킬 때 목돈이 필요해서, 눈 딱 감고 주식을 처분할까도 생각해 봤지만 생살을 베어내는 것만 같아서, 차마 손실을 확정 지을 수 없었다. 결국 살고 있던 아파트를 팔아서 결혼 자금을 대주고, 전세로 옮겼다.

매월 300만 원 남짓한 공무원 연금이 나와서 생활비는 걱정이 없었다. 문제는 작은아들 결혼 비용이었다. 전세는 치솟는데 작은 집이라도 하나 얻어주려면 목돈이 필요했다.

'설마 이번에도 손해 보지는 않겠지?'

그는 불안한 마음을 애써 달랬다.

많은 사람이 재테크와 자산관리를 혼동하는 경향이 있다. 재테크는 근로소득 외에 자본소득을 얻기 위해서, 단기간 내에 리스크를 감수하고 투자하여 수익을 내는 경제적인 행위를 의미한다.

반면 자산관리는 재테크보다 넓은 범주의 개념이다. 장기적인 안목에서 현재와 미래의 소득 및 지출을 예상하여, 자산을 체계적으로 운용하고 관리하는 것을 의미한다.

모든 공부에는 때가 있기 마련이다. 자산이 얼마 되지 않는 20대에 자산관리를 공부한다면 비효율적이다. 물론 젊었을 때부터 재테크에 관심을 갖고 자산관리를 공부해 두는 것도 나쁘지는 않다. 하지만 그 시기에는 공부를 열심히 해서 좋은 직장에 취업하는 일이 우선이다.

자산관리는 자산 규모가 커지는 40대부터 시작하는 것이 바람직하다. 수익도, 지출도 늘어나는 시기이기 때문이다.

대다수 직장인들은 자산이 얼마 되지도 않고 전문가에게 지불해야 하는 수수료도 아깝다 보니 자산관리를 체계적으로 하지 않는다. 자신의 지식이나 귀동냥한 정보를 바탕으로 부동산이나 주식 등을 사고판다. 그것은 엄밀하게 말하면 재테크지, 자산관리는 아니다.

50대라면 자산관리에 대해서 반드시 공부해야 한다. 그래야 경제적인 스트레스를 덜 받으면서, 계획적으로 후반생을 살아갈 수 있다.

성공적인 자산관리를 위해서는 정확한 목표 설정과 꾸준한 관리가 필수다. 후반생에는 자녀 대학등록금, 창업자금, 자녀 결혼자금, 노후 생활자금 등이 필요하다. 일찍부터 차근차근 준비해 둬야 무리한 지출을 피할 수 있다.

자산은 부동산, 예금 및 적금, 주식, 채권, 화폐, 금, 그림 등 종류도 다양하다. 자산관리의 기본은 세계 경제 및 한국 경제의 현재 상황 및 전망을 파악하는 일이다. 그래야만 투자처를 고를 수 있고, 자산을 효율적으로 분배할 수 있다.

인플레이션일 때와 디플레이션일 때, 주식 시장이나 부동산 시장이 호황일 때와 불황일 때 등을 판단해서, 자산 배분을 적절히 하게 되면 불황기에도 수익률을 높일 수 있다.

서점에 가면 자산관리에 관한 많은 책들이 나와 있다. 일단 자산관리에 대해서 체계적으로 다룬 책을 먼저 읽어보라. 그런 다음 개념이 확립되면, 부동산이나 주식 같은 개별 재테크 관련 책들을 찾아서 읽는 것이 좋다.

재테크의 기본은 기다림이다. 투자의 귀재라 불리는 하워드 막스는 이렇게 말한다.

"잘 사기만 한다면 절반은 판 것이나 다름없다. 즉 보유 자산을 얼마에, 언제, 누구에게, 어떤 방법으로 팔지에 대해 고심하느라 많은 시간을 보내지 않아도 된다는 의미다. 자산을 저가에 매수했다면 위의 문제들은 저절로 해결될 것이다."

성공적인 재테크를 하려면 인내심을 갖고 적절한 매수 타이밍을 기다릴 줄 알아야 한다. 그러기 위해서는 경험도 필요하지만 지식도 필요하다. 지식을 쌓아놓고 때를 기다려라!

나만의 재테크 멘토 만들기

—

자동차 부품 하청업체를 운영하던 W는 건강이 안 좋아서 큰아들에게 사업을 물려주었다. 한동안 집에서 빈둥거리다 보니 간 치수도 떨어졌고, 고지혈증도 사라졌다.

졸업하고 처음으로 중학교 동창회에 나갔다가 죽마고우였던 P를 만났다. 서로 시간이 넉넉하다 보니 자주 만나서 당구도 치고, 술도 마시면서 많은 이야기를 나눴다. 그는 평생 사업에만 몰두해서 재테크는 무지했다. 그러나 P는 경제 전반에 걸쳐 해박했다.

항상 경제 잡지를 끼고 다녔고, 어떤 가게에 들러도 매출과 순이익을 분석했으며, 장사가 잘되는 집은 주인에게 슬쩍 권리금이나 임대료 등을 물었다. 그리고 거리를 걷다가도 불쑥 부동산 중개업소에 들러서 상가 시세와 아파트 시세에 대해서 묻곤 했다.

그러던 어느 날, 부동산 중개업자에게 전화가 왔다. 좋은 물건이 나왔다는 소식을 듣고 P와 함께 달려간 곳은 신도시였다. P는 중개업자와 한창 대화를 주고받더니 그 자리에서 전세를 낀 아파트를 샀고, 그도 P의 권유에 의해서 같은 조건으로 아파트를 매입했다.

아파트 시세가 찔끔찔끔 오르는가 싶더니 1년쯤 지나자 갑자기 솟구치기 시작했다. 감사의 의미로 술이나 한잔 사주려고 만났더니 이번에는 주식을 사라고 권했다. 12년만에 찾아온 절호의 기회라면서.

종합주가지수가 급락하는 시기라서 잠시 불안한 마음이 들었다. 그러나 아파트에서 수익이 났으니, 주식으로 얼마간의 손해를 본다 한들 본전이라는 생각이 들자 마음이 편해졌다.

P가 추천해 준 종목들을 가르쳐 준 방식대로 분할 매수했다. 주식 투자금 가운데 40%를 샀는데 지수가 다시 급락했다. 일주일쯤 지나자 P가 전화를 했고, 다시 30%의 자금을 투자해서 분할 매수했다. 나머지 30% 자금을 투자할 날만 기다리고 있는데 주가가 빠르게 반등했고, 수익으로 돌아섰다.

그는 요즘 교회에 나가면 P를 만나게 해 준 하나님에게 감사기도를 올리곤 한다. P를 만나고 불과 2년 만에 평생 모은 자산의 20% 넘게 수익이 났기 때문이다. 한마디로 기적 같은 일이었다.

사람들은 저마다 관심사가 다르다. 후반생을 살다 보면 다양한 분야의 전문가를 만나게 된다. 평생 그쪽 분야에서 일해왔던 사람도 있지만, 오랜 세월 취미 활동을 해오다 보니 전문가 못지않은 안목과 식견을 지닌 사람도 있다.

재테크는 지식보다도 경험이 필요한 분야다. 명성 높은 경제학 교수라 해도 경험이 부족하면 부동산이나 주식으로 수익을 창출하기 어렵다.

현대인 중에서 재테크에 관심 없는 사람이 얼마나 되겠는가. 그러나 관심이 많은 것과 수익을 내는 것은 엄연히 다르다. 뒤늦게 자산관리에 관심을 갖고, 재테크에 대해서 밤새 공부한다 해도 혼자 힘으로는 한계가 있다. 가장 좋은 방법은 주변 사람 중에 재테크에 밝은 사람을 가까이하는 것이다.

재테크 고수들도 대개 자신만의 주특기가 있기 마련이다. 부동산에 해박한 사람이 있는가 하면, 주식 위주로 투자를 해서 자산을 불려온 사람도 있고, 남들이 잘 하지 않는 미술이나 골동품 등으로 자산을 불리는 사람도 있다.

인간은 자랑하려는 심리가 강해서 관심을 갖고 접근하면 외면하지는 않는다. 만약 주변에 재테크에 밝은 사람이 없다면, 재테크 관련 모임에 가입해서 공부를 하자. 그리고 멘토로 삼을만한 사람을 찾자.

재테크에서 가장 중요한 것은 리스크 관리다. 후반생에서는 한 번의 실수가 치명타가 될 수 있다. 가급적 모르는 분야는 투자하지 말고, 높은 수익률보다는 안정성에 초점을 맞춰서 투자해야 한다.

그리고 멘토를 만드는 것은 좋으나 멘토를 전적으로 믿고 돈을 맡긴다거나, 주식 계좌 운용을 통째로 맡기는 것만큼은 삼가야 한다. 재테크에 밝아 보이는 사람 중에는 사기꾼도 적지 않다. 탐욕에 눈이 머는 순간, 나락으로 떨어질 수 있다.

기업가이자 베스트셀러 작가인 스티븐 스코트는 "혼자 힘으로 백만장자가 된 사람은 없다. 주위의 재원, 인맥을 끌어들이지 않으면 불가능한 것이다"라고 말한다.

재테크에 성공하려면 부족한 경험을 채워 주고, 실수를 줄여 줄 수 있는 멘토가 필요하다. 좋은 멘토를 찾아내서 가까워질 수만 있다면 반은 성공한 셈이다.

'수익'과 '안전', 두 마리 토끼를 잡아라

—

중견기업 인사부장으로 퇴직한 N은 재취업을 하려고 시도했으나 마땅한 일자리를 찾지 못했다. 50대 초반이다 보니 마음이 초조해졌다. 자산이라고는 서울 변두리의 전세금 3억 원과 유동자산 2억 원이 전부였다.

자식은 아들 하나, 딸 하나인데 둘 다 대학생이었다. 학교를 졸업한다고 해도 결혼이라는 커다란 관문이 남아 있었다.

아무리 생각해도 이대로 간다면 빈곤한 노년을 피할 길이 없어 보였다. 리스크를 감수하고서라도 높은 수익을 낼 수 있는 방안을 찾다 보니, 직장을 다니며 주식으로 쏠쏠한 수익을 냈던 기억이 떠올랐다.

'시간도 많은데 아예 전업 투자를 해 볼까?'

그는 증권사 출신의 전업 투자가인 친구를 찾아가 자문을 구했다. 처음에는 극구 만류하던 친구는 그의 사정을 듣고, 투자 원칙을 세운 다음 소액으로 해 보라고 했다.

집에서 종일 모니터만 들여다보고 있을 수는 없어서 집에서 도보로 20분 남짓한 곳에다 월 20만 원을 주고 사무실을 얻었다. 주식이나 선물옵션, 혹은 개인 사업을 하는 사람들이 주로 이용하는 공유 사무실이었다.

처음에는 친구의 조언을 얻어서 중·단기 투자를 했다. 큰 수익을 내지는 못해도 손해 보지는 않았다. 6개월쯤 지나자 조금씩 수익이 나기 시작했고, 자신이 붙으면서 매매 스타일도 데이 트레이딩으로 바뀌었다.

그러다 어느 순간, 손실이 나기 시작하더니 수렁에 빠진 듯 점점 손실이 커졌다. 결국 1년 6개월 만에 원금의 60%가 날아갔다. 계속하다가는 분명 깡통을 찰 것 같았다. 속이 쓰리지만 패배를 깨끗이 인정하고 주식 계좌를 모두 청산했다.

현재 그는 청소업체에 취직해서 밤에는 사무실 청소를 하고, 낮에는 틈틈이 휴대폰에 깔아놓은 MTS를 들여다보며 차트 공부를 하고 있다.

은퇴 자금을 모으는 데는 수십 년이 걸린다. 하지만 그 돈을 날리는 데는 3년 이내인 경우가 대부분이다. 한순간 방심하면 빈털터리가 된다.

자산관리에 대해서 무지하기 때문에 빚어지는 일이다. 슬기로운 후반생을 위해서라면 반드시 자산관리에 대한 공부와 함께 재테크에 대한 올바른 이해가 필요하다.

후반생에는 공격적인 투자보다는 안정적인 투자를 해야 한다. 그렇다고 해서 은행에다 돈을 묵혀 두라는 말은 아니다. 한국은 저성장, 저금리, 고령화 시대에 접어들었다. 그런데도 퇴직 연령은 빨라져서, 퇴직 후에 안정된 삶을 살 수 있을 만큼의 자산을 모을 수가 없다. 대다수 퇴직자가 연금과 은행 이자만으로는 후반생을 영위하기가 불가능한 실정이다.

투자의 세계에서는 리스크가 클수록 수익이 높고, 안전할수록 수익이 낮다는 것은 상식이다. '안전'하면서도 '높은 수익률'은 투자자들의 소망이지만 전문가들은 두 마리 토끼를 모두 잡을 수는 없다고 한다. 그럼에도 불구하고 두 마리 토끼를 잡으려는 노력이 이어지고 있다.

은퇴 예정자나 은퇴자들로부터 주목받고 있는 새로운 투자 방식이, '주식형 자산'보다는 위험 부담이 낮지만 은행 이자보다는 수익이 높은 '인컴Income형 자산'이다.

인컴형 자산이란 자산을 보유한 기간에 발생한 권리로부터 금전적 이익을 창출하는 금융 자산을 일컫는다. 임대료, 이자, 배당처럼 안정적인 소득을 가져다주는 금융투자 자산이다. 채권, 고배당주, 고배당 ETF, 월지급식 펀드, 리츠 등이 이에 해당된다.

배당률이 은행 이자보다 높고, 장기 투자를 하면 재투자에 의해서 일반 자산에 비해서 수익률이 높아지며, 생활비가 필요할 때 자산을 매각하지 않아도 된다는 점이 장점이다.

세상은 급변하고 있다. 투자 방식도 변하고 투자 수익률도 변한다. 두 마리 토끼를 잡기 위해서는 경제에 대한 지속적인 관심과 공부가 필요하다.

워런 버핏의 오랜 사업 파트너인 찰리 멍거는 투자자들에게 이렇게 충고한다.

"이익이 확실할 때만 움직여라. 이건 가장 기본적인 것이다. 승산을 이해해야 하고, 유리할 때만 베팅하는 훈련을 해야 한다."

이익이 확실할 때를 알기 위해서는 수많은 정보를 분석해서 현재 상황을 이해하고, 미래를 예측할 수 있어야 한다. 세상에 공짜는 없다. 두 마리 토끼를 잡기 위해서는 그만큼 분주히 뛰어야만 한다.

돈이 돈을 벌게 하는 시스템을 만들자

—

외국계 제약회사 영업부장으로 근무하다 명예퇴직한 T는 1년 남짓 쉰 뒤에 학원 차량 운전기사로 재취업했다. 주5일 근무하며 매월 150만 원을 받는다.

그는 직장에 다닐 때 신도시에 오피스텔을 사서 월세를 놓았다. 매월 초에 50만 원이 통장으로 입금된다. 또, 백화점과 아울렛을 관리하는 부동산 리츠에 1억 원을 투자했는데, 상반기와 하반기 두 차례에 걸쳐 배당금이 입금되고, 연수익은 7% 남짓이다.

희망 퇴직금과 기본 퇴직금으로 받은 3억 원 가운데 절반은 배당률이 높은 주식을 샀고, 절반은 은행에서 1억 원을 대출받아서 상가에 투자했다. 상가의 투자 수익률은 연 5% 남짓이다.

주가의 변동 폭이 커서 월 수익을 정확하게 산출하기는 어렵지만 대략 매월 400만 원 남짓한 돈이 들어오는 셈이다. 자식은 딸만 둘인데 큰딸은 대학을 졸업해서 직장을 다니고 있고, 작은딸은 대학교 4학년이다.

작은딸이 졸업하고 나면 한동안 큰돈이 들어가지 않을 테니 돈을 모아서 무인점포를 차릴 계획이다.

부자들은 땀 흘려 일하지 않아도 돈이 들어오는 자동화 시스템을 갖추고 있다. 적절한 곳에 투자해 놓으면 돈이 돈을 벌어오는 것이다.

후반생에는 나이가 들수록 체력이 점점 떨어져서, 죽을 때까지 일하며 생계를 연명할 수는 없다. 면역력 또한 약화돼 언제 병원 신세를 지게 될지 모른다. 따라서 수익 자동화 시스템 구축이 반드시 필요하다.

이러한 시스템을 만들기 위해서는 공부가 선행되어야 한다. 특히 상가 투자 같은 경우에는 남의 말만 믿고 섣불리 뛰어들었다가는 손해 보기 십상이다. 코로나19의 영향으로 폐업한 점포가 늘어나서 상가의 인기가 예전 같지 않기 때문이다.

주식 또한 배당금만 바라보고 무작정 투자했다가는 주가가 하락하게 되면, 배당금을 받아도 오히려 손해를 보게 된다. 영업이익이 꾸준한지, 사업 전망은 괜찮은지, 현재 주가가 적정가인지 등을 분석한 뒤에 투자를 결정해야 한다.

만약 수익 자동화 시스템을 구축할 자본이 없다면 시류를 좇아서, 괜찮은 콘텐츠를 발굴해 유튜버로 활약하는 것도 하나의 방법이다. 그러나 시작은 손쉽게 할 수 있지만 수익으로 연결하기는 쉽지 않다. 그래도 일일 조회수가 늘어나면 수익도 늘어나는 구조여서, 처음에는 큰돈이 안 되어도 입소문이 나고 콘텐츠가 계속 늘어나면서 광고까지 붙으면 고수익으로 연결된다.

그리고 좋은 아이템이 있다면 책을 써서 인세를 받거나, 강연을 해서 강연료를 받는 것도 괜찮은 방법이다. 사실상 베스트셀러가 되지 않는 한 집필에 들이는 시간과 노력에 비하면 인세 수익은 보잘것없다. 그렇지만 강연까지 한다면 문제는 달라진다. 책을 펴내고 나면 시간당 강연료를 그전보다 높이 책정할 수 있다.

투자의 신이라 불리는 워런 버핏은 "당신이 잠자는 동안에도 돈이 들어오는 시스템을 만들지 못한다면, 죽을 때까지 계속 일을 해야 할 것이다"라며 수익 자동화 시스템의 중요성을 강조했다.

이렇게 돈이 돈을 버는 시스템을 구축하기 위해서는 먼저 자금이 필요하다. 보유 자금이 많거나, 퇴직할 때 퇴직금으로 목돈을 챙겼다면 시스템을 구축하기가 한결 수월하겠지만,

수중에 돈이 없다면 자금을 마련할 방법부터 먼저 강구해야 한다.

집이나 땅을 갖고 있는데 계속 오르는 추세라면 보유하고 있는 것이 유리하다. 그러나 오르지도 않고 전망도 불투명하다면, 차라리 처분해서 자금을 마련하는 것도 하나의 방법이다.

그마저도 없다면 투잡을 뛰어서라도 수익을 최대화하고, 지출을 줄여서 일단 종잣돈을 마련해야 한다. 세월이 열정과 체력을 앗아가기 전에.

미래가 막막할수록 목표를 분명히 하라

—

중소 건설업체에서 총무부장으로 일하던 H는 52세에 권고 사직을 당했다. 그전에도 직장을 네 차례나 옮겼던 경험이 있었던 터라 낙담하지 않고, 재취업을 위해 열심히 이력서를 넣었다. 그러나 더 이상 그를 받아주는 곳이 없었다.

통장 잔고는 바닥났는데 1년이 지나도 취업이 되지 않자 그제야 심각성을 깨달았다. 가슴속 한구석에 똬리를 틀고 있던 노후에 대한 불안감이 성난 코브라처럼 머리를 치켜들었다. 자산을 계산해 보니 전세금 2억 2,000만 원이 전부였다. 그동안 번 돈은 생활비와 세 딸의 교육비로 고스란히 들어갔다.

아내에게 상황을 설명하자 장사라도 해 보자고 했다. 그러나 수중에 자본금이 하나도 없을뿐더러 아무런 준비도 되어 있지 않았다.

"당신은 돈이 있다면 뭘 해 보고 싶어?"

아내는 프랜차이즈 김밥집을 해 보고 싶다고 했다.

그는 창업비용을 알아보았다. 아내가 생각하는 조건으로 가게를 열려면 1억 2,000만 원 남짓 필요했다.

"합시다, 우리! 4년 뒤에."

4년 동안 무슨 수를 써서라도 1억 2,000만 원을 모아보겠다고 하자, 아내도 선뜻 힘을 합치겠다고 했다.

그는 전문대를 졸업하고 직장생활을 하고 있는 큰딸, 대학교 3학년인 둘째 딸, 대학 1학년인 막내딸을 불러서 선포를 했다.

"아빠, 엄마는 재정 상태가 악화돼 너희들에게 더 이상 돈을 투자할 수가 없구나. 늦긴 했지만 이제부터라도 노후 대책을 세워 보련다. 학비는 국가장학금으로 전액 감면되니까 용돈은 너희들이 알바를 해서 벌어서 쓰고, 결혼 비용은 각자 돈을 모아서 해라."

딸들도 그의 계획에 순순히 동의했다.

그날 이후로 그들 부부는 돈이 되는 일이면 가리지 않았다. 그는 이삿짐센터, 택배 상하차, 지방을 돌아다니며 하우스 설치하기, 조선소 하청업체에 들어가서 배관 설치 등을 했고, 아내는 가사도우미, 베이비시터, 간병인 등으로 일했다.

4년이 지나자 1억 원 남짓한 돈이 모였다. 그 돈에 3,000만 원은 은행에서 대출받아서 김밥집을 열었다. 부부가 함께 일하는 데다, 딸들이 틈틈이 손을 보태 줘서, 인건비가 고스란히 수익으로 돌아왔다.

그는 요즘 매일 통장을 들여다보는 재미로 살아가고 있다. 차곡차곡 돈을 모아서, 10년 뒤에는 번듯한 한식당을 차릴 계획이다.

한국리서치에서 2019년 5월에 사흘 동안 설문조사를 실시했고, 참여한 시민 가운데 1,000명을 조사해서 노후준비에 대한 통계를 냈다.

"행복한 노후 생활을 위해서 가장 중요한 것은 무엇이라고 생각하십니까?"라는 질문에는 56%가 "경제적 여유"라고 답했고, 32%가 "건강관리"를 선택했다.

현재 노후 준비를 하고 있느냐는 질문에는 "하고 있다"고 응답한 비율은 47%에 불과했다. 노후 준비를 하고 있지 않은 국민을 대상으로 주된 이유를 물어본 결과, "노후를 준비할 능력이 없어서"라고 말한 사람의 비율이 53%로 가장 높았다.

또, 노후 준비를 하는 데 있어서 가장 큰 장애물로는 40대는 70%, 50대는 68%가 "소득의 불안정"을 들었다.

조사 결과를 보면 노후 준비의 필요성은 국민 99%가 공감하고 있었다. 그러나 아이들 교육도 시켜야 하고, 당장 생계

유지가 급하다 보니, 절반 넘게 노후 준비를 뒷전으로 미뤄놓고 있는 실정이었다.

후반생이 짧아질수록 경제적 결핍으로 인한 불안감은 점점 커져만 간다. 가을에 겨울나기를 준비해야 하듯이, 체력이 남아 있을 때 노후 대책을 세워야 한다.

소득이 불안정하고 지출을 감당하기 힘든 실정이라고 해도 손을 놓고 있어서는 안 된다. 세월은 내가 목돈을 모을 때까지 기다려 주지 않는다. 막막한 상황에서라도 어떻게든 종잣돈을 모아서 노후를 준비해야 한다.

장기 계획이 불가능하다면 단기 계획이라도 세워야 한다. 뚜렷한 목표를 정하고, 계획을 세우면 몸과 마음이 한 방향으로 움직이게 되어 있다. 마치 깜깜한 동굴 속을 헤매다 불빛을 발견한 듯 그쪽을 향해 달려가게 된다.

플랭클린 루스벨트의 영부인이자 사회운동가였던 엘리너 루스벨트는 "미래는 자신의 꿈을 믿는 사람들의 것이다"라고 했다.

현재가 힘겹고 미래가 막막할수록 목표를 세우고, 가슴에 꿈을 품어야 한다. 노년의 가난이 우리의 숨통을 본격적으로 조이기 전에, 아직 시간과 기회가 있을 때 가난의 손길에서 최대한 멀리 벗어나야 한다.

긍정적 마인드가 결국 돈을 부른다

—

K가 오랫동안 해 왔던 사업을 완전히 정리한 것은 그의 나이 63세였다. 지나온 세월이 주마등처럼 스쳐지나갔다.

쌀 도매, 연탄배달, 과일 장사를 해서 모은 돈으로 시장에다 순댓국집을 열었다. 입소문을 타고 맛집으로 소문이 나자 몇 개의 지점도 생겼다. 장사에 자신이 붙어서 다른 음식 장사에도 손을 댔다. 처음에는 잘 됐지만 프랜차이즈점에 밀려나거나 경기 불황으로 인해 하나, 둘 문을 닫아야 했다.

결국 남은 것은 63세라는 나이와 빚뿐이었다. 뭘 하며 살아야 할지 몰라서 고민하고 있는데 딸이 용기를 줬다.

"이제부터라도 아빠가 해 보고 싶은 걸 하며 살아가세요."

젊었을 때 모델이 꿈이었던 그는 딸아이와 손을 잡고 시니어모델 전문학원을 찾아가, '더 쇼 프로젝트 모델아카데미 시니어과정'에 등록했다.

매주 2시간씩 모델로서 익혀야 할 워킹수업과 포토수업 겸

연기수업을 들었다. 학원에 다닌 지 한 달쯤 지나 오디션을 보러 갔고, 2018년 3월, 'F/W 헤라 서울 패션 위크'에서 정식 모델로 데뷔했다.

이 이야기는 특유의 은발과 수염으로 '한국의 간달프'로도 불리는 김칠두 씨의 실제 이야기다. 그는 그렇게 64세에 모델로 데뷔해서 지상파 방송과 CF까지 진출하며 가장 핫한 시니어 모델로 왕성하게 활동 중이다.

1955년생으로 베이비부머 시대의 맏형 격인 김칠두 씨가 모델로서 성공할 수 있었던 비결은 무엇일까?

가장 큰 이유는 우리 사회가 고령화사회를 넘어서서 초고령화사회를 눈앞에 두고 있기 때문이다. 2019년 한국의 인구 동향을 보면 14세 이하의 유소년 인구는 646만 명인데 비해서, 65세 이상의 노인 인구는 그보다 156만 명이나 많은 802만 명인 것으로 나타났다. 과거와는 달리 시니어 소비자가 새로운 소비 계층으로 부상한 것이다.

시니어 소비층이 넓다는 것은 그 안에 새로운 기회가 감춰져 있음을 의미한다. '가재는 게 편이고 초록은 동색'이라는 속담처럼, 비슷한 연배가 입고 있는 옷이나 사용하는 물건 등에 눈길이 가게 마련이다.

비록 후반생에 접어들었다고 해도 소비층이 넓기 때문에 동년배를 대상으로 할 수 있는 사업은 무궁무진하다. 좋은 시절은 다 갔다고 푸념하지만 말고 새로운 시선으로 접근해 보면, 성공 기회를 잡을 수 있다.

대표적인 것이 유튜브다. 젊은 부자들을 탄생시키는 유튜브는 시니어에게도 기회의 땅이다. 2019년 와이즈앱이 안드로이드 스마트폰 사용자의 세대별 사용 현황을 알아보기 위해 한국인 4만 명을 대상으로 조사한 결과, 가장 많이 사용하는 애플리케이션으로는 유튜브가 독보적이었다. 2위는 카카오톡, 3위는 네이버, 4위는 페이스북 순이었다.

한 가지 주목할 점은 전체 유튜브 사용량 가운데서 50대 이상이 차지하는 비율이 무려 26%에 달했다는 점이다. 전 연령대에서 가장 많이 보는 것으로 나타났다.

현재 박막례 씨를 필두로 해서 몇몇 시니어들이 유튜버로 활약하고 있지만 아직까지는 시작에 불과하다. 앞으로 더 많은 시니어들이 다양한 콘텐츠를 들고 혜성처럼 등장할 것이 분명하다. 시니어들이 축적한 지식과 경험을 유튜브라는 거대한 플랫폼 속에서 녹여낸다면, 같은 세대는 물론이고 젊은 세대 또한 환영하지 않겠는가.

변화의 시대에는 위기와 기회가 공존하기 마련이다. 위기의

식에 사로잡혀 있으면 위축되어서 눈앞에 있는 기회조차 잡지 못한다.

비록 경제적으로는 노후대책이 미흡하더라도, 체력이 예전 같지 않더라도, 긍정적인 마인드로 후반생을 살아갈 필요가 있다.

세계적인 소설가인 파울로 코엘료는 이렇게 말했다.

"단순히 내가 잃어버릴까 봐 두려워했기 때문에 잃어버린 것들이 얼마나 많은가."

후반생에서 중요한 것은 시간이다. 과거에 집착하지도 말고, 오지 않은 미래 때문에 지나치게 불안해하지 말고, 오늘 이 순간을 충실히 살아가야 한다.

아직 포기하지 마라. 마음을 활짝 열어놓고, 틈틈이 성공 기회를 엿보며 살아가다 보면, 새로운 문이 열린다.

제6장

"건강을 당연하게 받아들이지 마라.
대체로 건강을 잃기 전에는 건강에 대해 감사할 줄 모른다.
건강할 때 그 건강을 유지할 수 있는 일들을
적어도 세 가지 정도는 매일 의식적으로 행하라."

어니 젤린스키

건강, 오래 사는 것보다 훨씬 중요한 것

삶의 질을 높이는 7가지 건강 원칙

—

　중소기업 사장인 B가 뇌졸중으로 쓰러진 것은 넉 달 전이었다. 50대 초반이었던 그는 회사의 유럽 시장 진출을 앞두고 밤낮없이 일했다.

　아침 회의를 하는데 극심한 편두통과 함께 시야가 흐려졌다. 직원들의 대화가 이명처럼 들렸고, 무슨 말인지조차 이해할 수 없었다. 가까스로 회의를 끝내고, 바람이나 쐬러 건물 옥상으로 올라갔다. 겨울바람을 쐬다가 돌아섰는데 몸이 휘청거리는가 싶더니 그대로 쓰러졌다. 뒤늦게 직원들에게 발견돼 병원으로 옮겨졌고, 뇌경색 판정과 함께 수술을 받았다. 의사 말로는 수술은 그런대로 잘 끝났다고 했다.

　그는 요즘 몹시 우울하다. 수술이 끝나고 일주일 뒤부터 재활 치료에 들어갔건만 몸은 정상으로 돌아오지 않았다. 안면 마비는 풀리지 않아서 거울 보기가 싫었고, 말투는 자신이 듣기에도 어눌해서 꼭 필요한 말이 아니면 입을 열고 싶지도 않앉다. 오른쪽 손과 발도 마비가 아직 풀리지 않아서 움직이기 위해서는 보조기구의 도움을 받아야 했고, 요실금으로 인해 항상 기저귀를 차고 있어야 했다.

사업에 두 번이나 실패해서 파산했을 때도 재기할 수 있다는 자신감만큼은 잃지 않았다. 그런데 이번에는 모든 것이 불투명했다. 재활치료가 언제 끝날지도 알 수 없었고, 설령 재활에 성공한다 해도 예전과 같은 정상적인 일상으로 되돌아갈 수 있을 것 같지도 않았다.

거기다 나이도 이미 50이 넘지 않았는가. 건강관리에 소홀했던 지난날들을 생각하면 후회막심했지만 이미 엎질러진 물이었다.

후반생의 화두는 건강이다. 건강의 중요성은 아무리 강조해도 결코 지나치지 않다.

2019년 12월에 통계청이 발표한 한국인의 평균 기대수명은 82.7세다. 하지만 질병을 앓는 유병기간을 제외한 건강수명은 64.4년에 불과했다. 계산대로라면 18.3년은 질병으로 고통받다가 생을 마감하는 셈이다.

건강은 타고나기도 하지만 꾸준한 관리가 필요하다. 선천적으로 타고난 건강을 과신하다가 요절하는 경우도 흔하고,

당장이라도 죽을 것처럼 비실비실하던 사람이 관리를 잘해서 장수하는 경우도 허다하다.

후반생에서 최악의 경우는 경제적으로 쪼들리는데 건강을 잃고 병에 걸린 경우다. 개인뿐만 아니라 가족의 입장에서도 감당하기 힘든 불행이다.

재산의 유무와 상관없이 건강은 누구나 챙겨야 하지만, 노후 대책이 부실하다면 각별히 건강관리에 신경 써야 한다. 몸이 건강하면 어떻게든 살아갈 수 있고, 새로운 기회를 잡아서 인생 역전도 기대해 볼 수 있다. 그러나 건강을 잃게 되면 삶의 모든 희망이 사라진다.

후반생에서 건강을 잘 관리하려면 다음의 일곱 가지를 명심하라.

첫째, 규칙적인 운동

운동은 40대에 시작해도 빠른 것이 아니다. 기회를 놓쳤다면 늦어도 50대에는 반드시 운동을 시작해야 한다. 시기를 놓쳐서 60대에 접어들면 근육 손실이 상당 부분 이뤄져서 운동 차체가 쉽지 않다. 체력이 일정 부분 받쳐 줘야 하는 운동은 감히 엄두도 못 내게 된다. 운동도 나름 재미를 붙여야만 꾸준히 할 수 있다. 그러기 위해서는 체력이 따라줘야 하고, 실력이 점점 늘어나야 한다.

둘째, 유익한 식습관

평상시에 음식에 대한 관심을 기울여서 차근차근 관련 지식을 쌓을 필요가 있다. 나의 신체적 특성을 감안해서 나쁜 식습관은 버리고, 좋은 식습관을 길러야 한다.

셋째, 숙면하는 습관

흔히들 나이 먹으면 잠이 줄어든다고 말한다. 하지만 연구에 의하면 실제로는 젊었을 때와 마찬가지로 하루 7시간 남짓 잔다. 그런데도 다수가 수면 장애에 시달리는 까닭은 약물이나 질환, 또는 생체리듬이 무너졌기 때문이다.

초저녁에 쏟아지는 졸음을 참지 못해 잠들면 이른 새벽에 일어나게 된다. 일찍부터 깨어 있었으니 점심 뒤에는 피로와 졸음이 쏟아진다. 짧은 시간도 아니고, 실컷 낮잠을 자고 일어났으니 밤잠이 올 리 없다. 자연스레 수면의 질이 나빠져, 자다 깨고를 반복하게 된다.

1시간 이상의 낮잠은 심혈관질환이나 당뇨를 불러와서 사망 위험을 높인다는 연구 결과도 있다. 차라리 낮잠이 쏟아지면 자지 않고 버티다가, 저녁 시간에 운동을 해서 수면의 질을 높이는 것도 하나의 방법이다.

넷째, 정기 건강검진

'나를 알고 적을 알아야 백전백승'이듯이 내 몸 상태를 정확히 알아야 한다. 정기 건강검진으로 유전병을 경계하고, 암과 같은 질병은 조기에 발견해서 치료하고, 성인병은 피해 가거나 슬기롭게 다스려야 100세 시대를 행복하게 즐길 수 있다.

다섯째, 절제의 미덕

건강은 과신해서는 안 된다. 담배는 가급적 끊고, 술은 아예 끊거나 줄여나갈 필요가 있다. 음식 또한 입에 맞거나 몸에 좋다고 해서 과식하는 습관은 버려야 한다.

여섯째, 원만한 대인관계

시카고 러시대학교 알츠하이머 질병센터 연구진이 4년 동안 823명의 노인을 대상으로 연구한 〈알츠하이머병의 외로움과 위험〉이라는 논문에 의하면, 자의든 타의든 간에 사회적으로 고립된 노인이 치매에 걸리거나 인지 기능이 저하될 확률이 높다고 한다.

외로움은 심장병이나 심혈관 질환, 각종 염증성 질환, 암 등과 같은 유전 질환과도 연관이 있다는 연구 결과도 있다. 정신을 건강하게 유지하려면 사별이나 분가 등으로 말미암아 외톨이가 되거나, 퇴직이나 이사 등의 사유로 사회적 관계망이 축소되더라도, 고립

되지 않도록 새로운 만남을 이어나가야 한다.

가족이나 지인과 자주 소통하고, 새로운 이웃을 사귀고, 애완동물을 키우고, 온라인이나 오프라인에서 취미활동을 하는 등의 노력을 기울여야 한다.

일곱째, 긍정적인 마인드

후반생에서는 삶을 긍정적인 시선으로 바라볼 필요가 있다. 긍정적 사고는 스트레스를 감소시켜 각종 질환을 예방하므로, 장수의 비결이기도 하다.

노화에 대한 시각 역시 마찬가지다. 노화에 대해서 긍정적으로 인식하고 있는 사람은 그렇지 않은 사람에 비해서 심장 질환, 뇌졸중, 인지력 저하, 알츠하이머에 걸릴 확률도 낮고, 7.5년 정도 더 오래 산다는 연구 결과도 있다. 또한 사고로 인해서 부상을 입었거나 각종 질환에 걸렸을 때도, 긍정적인 사고를 지닌 사람의 회복 속도가 그렇지 않은 사람에 비해서 월등하게 빠르다고 한다.

식습관만 바꿔도 인생이 달라진다

—

50대 주부인 C는 비만으로 고혈압, 당뇨, 지방간, 관절염, 우울증 등을 앓아 왔다. 비만 상태가 오랜 세월 지속되다 보니 자존감도 낮을 대로 낮아져서, 자신이 마치 쓰레기장에 방치된 음식물쓰레기 같다는 생각마저 들었다.

하루는 낮잠을 자다가 바다에서 익사하는 꿈을 꾸었다. 바동거리다 꿈에서 깨어났는데 호흡이 트이지 않았다. 이러다 정말 죽는 건 아닌가 싶어서 겁이 와락 났다. 다행히도 시간이 지나자 조금씩 숨이 트였다.

단골 병원을 찾아가서 의사에게 상담을 받았다. 의사는 비만 때문이라며 몇 가지 약을 처방해 줬다. 집으로 돌아가다가 주변을 둘러보니 어느새 가을이었다. 청명한 하늘과 물들어가는 단풍으로 세상이 참으로 아름답다는 생각이 들어, 제대로 한번 살아보고 싶다는 욕구가 강렬하게 타올랐다.

'이번에는 반드시 살을 빼고야 만다!'

굳게 결심한 그녀는 문구점에 들러서 노트를 한 권 샀다.

그녀는 자신이 매끼 먹는 음식을 적고, 칼로리를 계산해서 노트에 기록하기 시작했다. 칼로리가 낮으면서도 포만감을 주는 건강식 위주로 가족의 식단을 짰고, 남편이 사 놓고서 베란다에 방치하고 있는 자전거를 꺼내서, 틈만 나면 밖으로 끌고 나갔다.

나쁜 식습관을 바꾸고, 매일 운동을 한 그녀는 2년 만에 30킬로그램 감량에 성공했다. 허리에 복대처럼 차고 있던 살들을 마침내 제거하는 데 성공하자, 각종 성인 질환과 함께 오랜 세월 그녀를 괴롭혔던 우울증도 말끔히 사라졌다.

그러자 새로운 세상이 열렸다. 전에 살던 세상이 음침한 회색빛이었다면 그녀가 바라보고 있는 세상은 찬란한 은빛이었다.

요즘 그녀는 매 순간이 즐겁다. 이웃 주민에게 다이어트 노하우를 가르쳐 주는 일도 즐겁고, 자전거를 타고 달리는 일도 즐겁다. 새로운 인생이 시작된 것이다.

나이를 먹으면 고민 중의 하나가 늘어만 가는 살들이다. 가난했던 시절에는 불룩한 배와 풍만한 체구는 부의 상징이었다. 그러나 이제 비만인 사람은 게으르거나 자기 관리를 못하는 무절제한 사람으로 비치는 경향이 있다.

전반생에서는 일시적으로 체중이 늘어나도, 마음먹고 다이어트하면 그리 어렵지 않게 감량에 성공할 수 있다. 하지만 후반생에서는 살찌기는 쉬워도 살빼기는 대단히 어렵다.

성호르몬의 분비량이 감소하고, 근육량이 줄어들어서 기초대사량이 떨어지기 때문이다. 다이어트에 성공하려면 식단을 조절해서 칼로리 섭취를 줄이는 한편, 운동을 병행해서 기초대사량을 높여야 한다.

한때 '1일 1식'에 대한 붐이 불었다. 일본에서 베스트셀러가 되었던 나구모 요시노리 박사의 책《1일 1식》이 한국에 번역 출간되자 언론에서 앞다투어 다뤘다. 이 책은 저자의 개인적인 체험과 의학적 근거를 바탕으로 하고 있는데, 핵심은 공복 상태에서 '꼬르륵' 소리가 날 때 장수 유전자인 '시르투인sirtuin' 이 발현해서 피부도 젊어지고, 다이어트도 되고, 장수도 할 수 있다는 것이다.

소식小食과 수명과의 연관성을 밝히기 위한 과학자들의 본격적인 실험은 지속적으로 이어져 왔다. 그중에서도 위스콘신 국립영장류연구소와 국립노화연구소가 공동으로 연구하여 2017년 1월 18일 자 〈네이처 커뮤니케이션스〉에 발표한 논문에 의하면, 소식을 하면, 다시 말해 칼로리를 제한하면 장수 효과가 있다고 한다.

공동 연구팀은 칼로리 섭취 제한 시작 시기를 젊을 때 (1~14세)와 중·장년(16~23세)으로 나눠 데이터를 다시 분석했다. 그 결과 젊을 때 칼로리 섭취를 제한한 집단에서는 장수 효과가 관찰되지 않았으나, 중장년 때부터 시작한 집단에서는 장수 효과가 나타났다.

특히 수컷의 평균 수명 추정치는 전체 실험군보다 9살 정도 많은 35세에 달했다. 또한 칼로리 섭취를 제한하기 시작한 연령이나 성별과 관계없이, 칼로리 섭취를 제한한 집단의 암 발생률이 15~20% 정도 낮았고, 당뇨병과 뇌졸중 등 노화에 따른 질병도 더 늦게 나타났다.

장수는 모든 인류의 관심사다보니 과학자들의 연구는 계속 이어지고 있다. 지금까지 발표된 연구 결과를 종합해 보면 소식이 장수뿐만 아니라 건강에도 지대한 영향을 미친다는 것이다.

다이어트도 시류를 타는데, 과학계의 상황이 이렇다 보니 요즘에는 칼로리 섭취를 제한하는 '간헐적 단식'이 유행이다. 16시간은 공복을 유지하고 8시간은 음식물을 섭취하는 '16 : 8'이나 일주일에 5일은 먹고, 2일은 24시간 동안 공복을 유지하는 '5 : 2' 다이어트를 많이 한다.

물론 후반생을 건강하게 살아가기 위해서는 다이어트도 중요하지만 반드시 운동을 병행해야만 한다. 칼로리 섭취만 줄여나갈 경우, 체중이 줄면서 근육이 빠져나가서 체력 저하가 오고, 면역력이 급격히 떨어질 수 있다.

꾸준한 운동과 함께 식습관을 개선해야만 체력을 강화할 수 있고, 몸매를 보기 좋도록 관리해서 자신감을 되찾을 수 있다.

100세 시대를 살아가는 한국인이 특별히 신경 써야 할 것 중 하나는 나트륨이다. 나트륨은 고혈압, 동맥경화 등 각종 성인병을 포함한 혈관 질환은 물론이고 치매와도 깊은 연관이 있다. 후반생에서는 찌개나 국물 위주의 식사를 가급적 줄여나갈 필요가 있다.

또한 음식도 천천히 먹어야 한다. 나이를 먹으면 음식을 분해하는 기능이 저하된다. 식사를 빨리하게 되면 제대로 영양소가 몸에 흡수되지 않는 데다, 포만감이 뇌에 전달되지 않아서 과식을 하게 된다.

백미나 밀가루보다는 다양한 영양소를 함유하고 있는 현미나 보리, 콩 등을 섭취하는 게 좋다. 현미는 식이섬유가 풍부해서 변비에도 좋고, 성인병 예방은 물론 체중 조절에도 도움이 된다.

노화를 억제하는 효과를 지닌 신선한 채소, 과일, 해조류 등도 챙겨 먹어야 한다. 해조류는 비타민과 미네랄이 풍부해서 체내에 쌓인 독성물질을 배출해 준다.

편식하지 않도록 다양한 음식을 골고루 먹되, 오메가3 함유량이 풍부한 등 푸른 생선 및 소량의 견과류를 챙겨 먹는다면 금상첨화다. 그 밖에도 올리브오일, 베리, 유제품 등이 장수식품으로 꼽힌다.

내가 후반생을 살며 깨달은 것 중 하나는 식습관을 바꾸고 꾸준하게 운동하면, 20대처럼 건강한 삶을 살아갈 수 있다는 사실이다. 물론 노안이 찾아오고, 머리카락이 얇아지고, 피부의 탄력성이 떨어져서 주름이 생기는 등의 자연스러운 노화현상은 피할 수 없다. 그러나 꾸준한 운동과 바른 식습관으로 단련된 강한 체력에다 긍정적인 마인드를 지니고 있다면 20대의 젊음이 결코 부럽지 않다.

의학의 아버지라도 불리는 히포크라테스는 "음식으로 못 고치는 병은 의사도 못 고친다"고 했다.

삶의 질을 높이기 위해서라도 좋은 식습관을 갖자.

수명을 늘리고 싶다면 근육을 늘려라

—

　대학을 졸업하고 비서실에 입사해서, 우여곡절 끝에 미래전략실 상무까지 승진했다가 57세에 퇴직한 L은 아내와 단둘이서 오붓하게 세계 여행을 떠날 계획이었다. 먼저 서유럽부터 돌아보기 위해서 비행기와 호텔을 예약했다.

　여행을 떠나기 2주 전, 모처럼 지인들과 함께 서울 근교로 등산을 갔다. 오랜만의 산행이어서 숨이 넘어갈 정도로 힘들었지만, 정상을 밟고 나자 세상을 모두 가진 기분이었다.

　정상 바로 아래에서 다 같이 둘러앉아 점심을 먹었다. 땀도 흠뻑 흘린 터라 갈증도 나고 해서 막걸리를 두 잔 들이켰다. 기분 좋게 웃고 떠들며 하산하던 길에 그만 발을 헛디뎌 낙상을 했다. 바위 위로 살짝 넘어진 것 같은데 몸을 움직일 수 없었다.

　결국 구조 헬기를 타고 병원으로 이송됐고, 검사를 해 보니 고관절 골절이었다. 의사는 낙상으로 골절이 됐지만 근본 원인은 골다공증과 근감소증 때문이라고 했다. 결국 의사의 권유대로 '인공관절 반치환술' 수술을 받았는데, 수술은 다행히도 잘 끝났다.

길고 지루한 재활 치료가 이어졌다. 석 달 남짓 병원에 있다가 퇴원하려는데 의사가 신신당부를 했다.

"근력이 연세에 비해 많이 약하세요. 이제부터라도 운동을 열심히 하셔야 합니다!"

그 역시 병원에서 지내는 동안 자신의 몸 상태에 대해서 잘 알게 되었다. 운동의 필요성을 절감하지만 마음뿐이었다.

고작 병원에 석 달 남짓 입원해 있었는데 폐 기능도 급격히 나빠지고 근력도 감소되었는지, 지팡이를 짚었음에도 2층을 걸어서 올라가기조차 힘들었다.

그는 아침저녁으로 한 움큼의 약을 입안에 털어 넣을 때마다, 좀 더 일찍 건강을 돌보지 않은 걸 후회했다.

'젠장, 세계 여행은 무슨! 국내 여행이라도 좋으니 제발 두 발로만이라도 제대로 걸을 수 있다면 소원이 없겠다.'

근육은 뼈와 함께 동물의 신체를 구성하는 중요한 요소다. 신체의 형태를 잡아주며, 필요에 따라서 여러 방향으로 움직임을 가능하게 한다.

근세포(섬유 다발)로 구성되어 있으며 뼈와 관절, 내장 등 신체의 중요 기관을 지켜주는 보호막 역할도 하며, 호르몬을 분비하기도 한다. 또한 미미한 손상 정도는 자가 치료하는 기능이 있으며, 적절한 양의 손상을 입었다 회복될 경우 더 강해진다.

근육은 30대 남성의 경우 체중의 약 40~45%, 여성은 35~40%를 차지한다. 전문가들에 의하면 근육의 성장은 30세가 되면 멈추고 그때부터 퇴화가 시작된다. 40세까지는 3~5%가 감소하지만 50~70대까지는 10년에 8%씩, 그 후로는 10년에 15%씩 감소한다. 운동을 전혀 하지 않는다고 가정했을 때, 80대에 이르면 30대 때 근육량의 절반만 남게 된다.

신체기능이 급격히 떨어져서 일상생활이 불가능한 상태를 '노쇠'라고 하는데, 대표적인 증상이 '근감소증'이다. 근감소증은 노화로 인한 근육량 감소와 근육 기능 저하가 동반된 상태를 말한다. WHO는 2017년 근감소증을 정식 질병 코드로 지정했으며, 미국과 일본 등에서도 질병으로 분류해 관리하고 있다.

근감소증 환자는 면역력이 떨어져서 각종 호흡기 질환에 걸릴 위험이 현저히 높고, 자칫하면 폐렴으로 발전해 사망에 이를 가능성도 높다.

따라서 근력 저하를 방지하기 위해서는 늦어도 40세 이후에는 적극적으로 운동을 해야만 하는데, 유산소 운동과 저항성 운동을 병행해서 근력을 키우는 것이 바람직하다.

과거에는 근육의 용도를 '몸을 움직이는 데 사용되는 것' 정도로 생각했지만 최근에는 심혈관질환이나 당뇨와도 밀접한 연관 관계가 있다는 연구 결과가 속속 발표되고 있다. 또한 정상적인 근력은 세포의 손상을 방지해서 노화를 늦추고, 면역력을 키워서 암이나 치매 등 각종 질병으로부터 신체를 보호하는 역할을 한다.

삶의 질을 높여서 행복한 후반생을 보내려면 나이가 한 살이라도 어릴 때 근육량을 최대한 늘려놓아야 한다. 노년에 하는 운동은 근력 감소를 늦추는 데는 효과가 있지만 근력 강화에는 한계가 있다.

경제적 여유가 된다면 피트니스센터에서 전문가의 도움을 받으며, 체계적으로 근력을 강화하는 것이 좋다. 그러나 여유가 안 된다면 인근 공원에 가서 비치된 각종 운동기구를 이용해서 꾸준하게 근력강화 운동을 하라. 철봉이나 팔굽혀펴기만 매일 해도 근력이 개선된다.

따로 시간 낼 여유가 없다면 사무실에 덤벨이나 아령을 갖다 놓고 틈틈이 하는 것도 좋은 방법이다. 그마저도 귀찮다면 자전거 타고 출퇴근하기, 속보로 걷기, 계단 오르기 등만 꾸준히 실천해도 보다 건강한 후반생을 보낼 수 있다.

효과적으로 근력을 키우기 위해서는 근력 운동과 함께 충분한 단백질을 섭취해야 한다. 단백질이 부족한 상태에서 운동만 할 경우, 근육은 오히려 감소한다. 단백질과 비타민D, 칼슘 등을 비롯한 영양소를 섭취할 필요가 있다.

후반생을 건강하게 살아가기 위해서는 "운동은 하루를 짧게 하지만 인생을 길게 해 준다"는 다니엘 W. 조스린의 명언을 가슴 깊이 새길 필요가 있다.

'있을 때 잘해'라는 노랫말처럼, 후회하지 않으려면 건강할 때 건강을 지켜야 한다. 20~30년 뒤에 병상에 누워서 약으로 삶을 연명할 것인지, 여행을 다니거나 취미 활동을 할 것인지를 선택해야 할 시간이 다가왔다. 병상이 아닌 곳에서 행복한 노년을 보내고 싶다면 지금부터라도 근력을 강화하라.

운동 습관, 이렇게 하면 길러진다

—

식품회사에서 근무하는 N부장은 월말에 가계부 어플로 지출을 검토하다가 6개월 연속 교통비가 늘어나고 있음을 발견했다. 과지출의 주범은 바로 택시비였다.

'어, 왜 이렇게 택시를 많이 탔지?'

곰곰이 생각해 보니 체력 저하가 원인이었다. 얼마 전부터 주량도 눈에 띄게 줄어들었고, 퇴근하고 나면 물에 데친 시금치처럼 축 늘어지기 일쑤였다. 집에서는 똑바로 앉아 있을 힘도 없어서 소파에 기댄 채 잠들기 일쑤였다.

그는 근린공원에 가서 조깅이라도 해야겠다고 다짐하고 실천에 들어갔다. 그러나 다짐은 보름을 넘기지 못했다.

생각다 못해 연회비를 지불하고 회사 근처의 트레이닝 센터에 등록했다. 본전 생각이 나서라도 일주일에 두세 번쯤은 운동하러 들르지 않을까 싶어서였다. 처음에는 효과가 있는 듯했지만 지나고 나니 그 또한 헛된 바람이 되고 말았다.

'휴우~. 나이 더 먹기 전에 체력을 길러야 하는데….'

그는 오늘도 택시를 잡아타고 트레이닝 센터 앞을 지나가며 길게 한숨을 내쉬었다.

새해 결심 순위를 보면 '건강을 위한 운동'과 '다이어트'가 해마다 높은 순위를 차지한다. 대다수가 실천하고 싶어 하지만, 결과를 보면 작심삼일로 끝나는 경우가 대부분이다.

습관, 그것도 운동 습관을 기르는 일은 쉽지 않다. 무엇보다도 힘들고 재미가 없기 때문이다. 하지만 전략적으로 잘 접근한다면 누구나 성공할 수 있다.

나는 40대 초반부터 60세를 코앞에 둔 지금까지 꾸준하게 운동해 왔다. 처음에는 운동장 한 바퀴도 제대로 뛰지 못하는 저질 체력이었다. 계속 불어나는 뱃살도 빼고 체질도 개선하기 위해서 마라톤을 시작했다. 체계적으로 훈련한 결과 다이어트도 성공했고, 5년 만에 풀코스를 2시간 44분 37초에 뛸 수 있었다.

기록이 더 이상 나아지지 않자 '기록 달리기'에서 '건강 달리기'로 바꾸었다. 요즘에는 틈틈이 조깅을 하며 팔굽혀펴기나 턱걸이 같은 맨몸운동으로 건강을 관리한다.

마라톤을 그만둔 뒤로는 다양한 운동을 즐기고 있다. 일주일에 두 번은 기구를 이용한 저항성 운동을 하고, 이틀은 조깅을 하고, 주말에는 등산을 즐긴다. 또, 틈날 때마다 턱걸이, 팔굽혀펴기, 버피 테스트, 플랭크, 물구나무서기 등을 한다.

운동 습관을 기르려면 자신의 뇌와 밀당을 할 줄 알아야 한다. 뇌를 공략하지 못하면 절대로 운동 습관을 기를 수 없다.

내 경험을 바탕으로 한, 운동 습관을 기르는 노하우는 모두 아홉 가지다.

첫째, 운동 동기 찾기

운동을 해야 하는 '강력한 동기'가 있어야 한다. 막연한 이유는 그때뿐, 뇌가 귀찮고 번거롭다는 이유로 이내 지워 버린다. 뇌를 설득시킬 수 있는 이유를 찾는 것이 급선무다.

나의 경우에는 호수공원을 산책하던 중 우연히 마라톤 클럽 사람들을 따라 뛰다가, 500미터도 제대로 달리지 못하는 내 체력을 확인하고, 충격받은 것이 계기가 되었다.

둘째, 목표 세우기

뚜렷한 목표가 있어야 뇌가 기억하고, 몸이 움직인다. 목표는 한 걸음, 한 걸음 앞으로 나아가면서 성취감을 느낄 수 있도록 단기, 중기, 장기로 세우는 것이 좋다.

나의 경우 단기 목표는 5킬로미터 쉬지 않고 달리기, 중기 목표는 10킬로미터 마라톤·하프 마라톤·풀 마라톤 완주하기, 장기 목표는 풀 마라톤을 2시간 45분 안에 달리기였다.

셋째, 운동을 대체할 시간빼기

하루는 24시간에 불과하다. 빠듯한 시간 속에서 운동할 시간을 마련하기 위해서는 다른 시간을 빼야 한다. 그래야만 그 시간에 마음 편하게 집중해서 운동할 수 있다.

나의 경우 취미였던 바둑 관련 시간을 운동으로 대체했다. 나는 바둑 마니아여서 인터넷으로 바둑을 관전하거나 즐겨 두었는데, 하루 평균 2시간쯤 사용했다. 나는 목표를 모두 이룰 때까지 일체 바둑을 두지 않기로 결심했고, 그 결과 편한 마음으로 운동을 즐길 수 있었다.

넷째, 운동을 가까이 할 수 있는 환경 조성하기

운동을 즐길 수 있는 장비 마련하기, 즐겁게 운동할 수 있는 장소 물색하기, 내가 즐기고 있는 것과 결합해서 시너지 효과를 낼 수 있는 방안 모색하기 등이 모두 해당된다.

나의 경우 최소한의 러닝 장비만을 마련해서 시작했고, 필요에 따라서 하나씩 구입했다. 운동할 수 있는 장소로는 집 앞에 위치한 고등학교 운동장, 도보로 5분 거리에 있는 경의선 철길, 자전거를 타고 가면 10분 정도 걸리는 호수공원을 물색해 두었다. 또한 시너지 효과를 낼 수 있는 방안으로, 평소에 시 쓰기를 즐겨하는데, 조깅하며 시를 구상하곤 했다.

다섯째, 발전 속도 눈으로 확인하기

운동을 지겨워하지 않고 꾸준히 해 나가기 위해서는 크고 작은 성취감을 느껴야 한다. 발전 속도를 기록해서 눈으로 확인하고 나면, 나 자신에 대한 뿌듯함과 함께 유능감을 갖게 돼서, 더 열심히 하게 된다.

나의 경우 매일 운동하고 나면 온라인 달리기 사이트에다 일지를 써서 올렸다. 언제든지 훈련 기록을 확인할 수 있고, 대회를 뛰고 나면 이전 기록과 한눈에 비교할 수 있어서 성취감을 느낄 수 있었다.

여섯째, 함께 하기

운동을 시작할 때는 혼자서도 충분하지만 꾸준히 하기 위해서는 동료가 필요하다. 가족이어도 좋고, 친구여도 좋고, 온라인이나 오프라인 모임을 통해서 만난 사람이어도 좋다. 정보도 교환하고, 서로 격려도 하고, 운동 뒤에는 식사도 함께 하다 보면 점점 더 운동이 오락이나 놀이처럼 느껴진다.

나의 경우 중기 목표를 이룰 때까지는 혼자서 달렸다. 첫 풀 마라톤을 완주하고 난 뒤, 장기목표를 이루기 위해서는 체계적인 훈련을 받아야 한다는 사실을 깨달았다. 그래서 오프라인으로는 지역 마라톤클럽에 가입했고, 온라인으로는 달리기 일지를 기록하는 사이트에 가입했다. 그 결과 언덕 인터벌이나 트랙 인터벌 같은 힘든 운동도 즐기며 할 수 있었다.

일곱째, 합리적인 계획표 짜기

운동 계획표를 짜되, 적절한 휴식 시간을 넣어서, 점진적으로 높아지는 운동 강도에 몸이 적응할 수 있도록 짜야 한다. 계획표를 무리해서 짜게 되면 운동이 아닌 노동이 된다.

나의 경우 주당 달리는 거리를 점차 늘려나가는 방식을 사용했다. 처음에는 하루 달리고, 하루 쉬는 식으로 일주일에 5킬로미터를 달렸고, 점차 늘려 나가서 최고 기록을 세웠을 때는 일주일에 하루를 쉬면서 90킬로미터를 달렸다.

여덟째, 변화 주기

한 가지 운동만 반복적으로 하면 뇌가 이내 지루함을 느낀다. 요일을 잘 분배해서 유산소 운동과 저항성 운동을 하는 날을 나누는 것이 좋고, 체력이 어느 정도 된다면 한 달에 하루 정도는 서킷 트레이닝으로 자신의 한계를 실험해 보는 것도 괜찮다. 또한 주말에는 등산이나 자전거 타기처럼, 야외로 나가서 자신이 주로 하는 운동이 아닌 다른 운동에 도전해 보는 것도 나름 재미있다.

나의 경우 기존의 코스가 아닌 해변이나 산길을 달리면서 훈련에 변화를 주었고, 일주일에 하루는 웨이트 트레이닝, 등산, 수영, 자전거 타기, 요가, 명상 등을 하였다. 운동에 따라서 사용하는 근육이 달라지기 때문에 다양한 운동을 하게 되면 부상 위험을 줄일 수 있을뿐더러, 전체적인 근력과 체력을 키우는데도 도움이 된다.

아홉째, 적절한 보상하기

뇌는 자신이 수고했다는 사실을 알고 나면 그에 대한 보상을 원한다. 운동과 보상은 동전의 앞뒷면과도 같다. 적절한 보상을 하게 되면 다람쥐가 쳇바퀴를 돌리듯, 즐거운 마음으로 매일 운동할 수 있다.

보상은 미리 정해 놓되 일일 목표, 단기 목표, 중기 목표, 장기 목표에 따라서 종류를 달리 해야 한다. 건강한 음식이어도 되고, 휴식이나 여행 같은 시간에 대한 보상도 좋고, 갖고 싶지만 여유가 없어서 사지 못한 물건이어도 무방하다.

나의 경우 일일 목표를 완성했을 때는 칼로리 섭취를 늘렸고, 단기 목표를 완성했을 때는 하루 동안에 먹고 싶은 음식을 마음껏 먹었으며, 중기 목표를 차례대로 완성했을 때는 국내 여행을 떠났고, 장기 목표를 완성했을 때는 해외여행을 갔다 왔다.

'유산소 운동'이라는 용어를 처음으로 사용한 케너스 쿠퍼는 "우리가 늙어서 운동을 그만두는 것이 아니라, 우리가 운동을 그만두기 때문에 늙는 것이다"라고 했다.

후반생에서 운동은 '시간이 있을 때 하는 것'이 아니라 매일 밥을 먹고, 잠을 자는 것처럼, 하루를 살면서 반드시 해야만 하는 일이다. 더 늦기 전에 운동 습관을 들여서 가능하다면 매일 하고, 불가능하다면 쉬는 날에는 산책 같은 가벼운 운동이라도 해 버릇하라.

그 길이 고단해 보여도, 100세 시대의 즐거움을 온전히 누릴 수 있는 유일한 길임을 잊지 말자.

걷기만 잘해도 병이 낫는다

—

50대 주부인 D는 친구들과 함께 3박4일 동안 제주도로 여행을 갔다. 명소나 경치 좋은 곳을 찾아다니며 사진 찍고, 맛집 탐방 위주의 일정이다 보니 사흘째가 되자 급격한 피로와 함께 허리가 아프기 시작했다. 그 때문에 마지막 날 일정인 한라산 등반은 일찌감치 포기해야만 했다.

집으로 돌아오니 허리가 끊어질 듯이 아파서 정형외과를 찾았다. 의사는 MRI 검사 결과 척추측만증에다 골반이 틀어진 상태라고 했다. 그러면서 그 증거로 오른쪽 운동화를 집어 들더니 바깥쪽 밑창을 가리켰다.

"다른 곳은 멀쩡한데 이 부분만 유독 많이 닳았죠? 척추측만증에 골반도 틀어진 상태고, 고관절을 움직이는 골반 근육마저 약하다 보니 팔자걸음으로 걸어서 이렇게 된 겁니다. 체형을 바로잡지 않으면 갈수록 걷기가 힘들 겁니다."

그녀는 의사의 권유대로 도수치료를 받았고, 고관절 근육강화를 위해 실내 자전거를 타는 한편, 반듯한 자세로 걷기 위해 의도적으로 노력했다.

3년이 지난 뒤 그녀는 결혼 40주년을 맞아 남편과 함께 제주도를 찾았다. 마지막 날 한라산을 등반했다. 장시간 산행 끝에 정상에 올랐음에도 근육의 피로만 느껴질 뿐 특별히 아픈 곳은 없었다.

"아, 정말 좋다!"

평지를 걷는 것조차 힘들어하다가 마침내 한라산 정상을 밟았기 때문일까. 세상 만물이 아름답게만 보여서, 운무에 둘러싸인 풍경임에도 불구하고 감탄사가 절로 나왔다.

공원을 산책하다 달리는 사람을 만나면 자세를 유심히 살펴본다. 달리는 자세만으로도 그 사람의 풀코스 기록을 짐작해 볼 수 있다. 고수일수록 군더더기 없이 효율적이면서도 리드미컬하게 달린다.

팔자걸음이나 안짱걸음으로 달리거나 상체의 움직임이 심한 사람은 금방 지칠 수밖에 없다. 이런 사람들은 훈련을 많이 해도 체력 소모가 심해서, 후반으로 갈수록 힘들어 진다.

한때는 달리기 열풍이었는데 요즘은 걷기 열풍이다. 공원에 가면 달리는 사람보다 걷는 사람이 훨씬 많다. 자전거족도 늘어나긴 했지만 워킹족에 비할 바는 아니다.

걷기는 별다른 장비가 필요 없다. 걸으면서 동행인과 대화는 물론이고 통화 또한 가능하다. 남녀노소 누구나 할 수 있을 정도로 진입장벽이 낮은데다, 바른 자세로만 걸으면 운동효과도 높으니 다들 좋아할 수밖에 없다.

문제는 바른 자세로 걸어야 하는데 그렇지 못하다는 데 있다. 퇴행성관절염이나 연골 손상으로 인해 자세가 허물어져 가는 사람도 있고, 척추기립근과 장요근이 약해지면서 상체가 서서히 굽어지는 사람도 있고, 다리 근력이 약해지다 보니 보폭이 점점 좁아져서 종종걸음 치는 사람도 있다.

걸음걸이는 건강의 기본이다. 바른 자세로 걷기만 해도 건강한 후반생을 보낼 수 있다.

걷기가 열풍이라고 해서 무작정 따라 걸으면 오히려 몸을 상할 수도 있다. 운동 효과를 볼 수 있을 정도로 걷기를 하려면 다음과 같이 걷는 자세와 요령을 익혀야 한다. ① 가슴은 내밀고 복부는 안으로 당기되 반듯한 자세를 유지한다. ② 걸음걸이는 11자가 되게끔 일직선으로 걷는다. ③ 두 팔을 앞뒤로 자연스럽게 흔들면서 발뒤꿈치, 발바닥 바깥, 엄지발가락 쪽으로 무게 중심을 이동하며 리드미컬하게 걷는다. ④ 평소 보폭보다 10센티미터 남짓 넓혀서 걷는다.

⑤ 보행 속도를 높여서 분당 90~110미터를 걷는다.

통풍이 잘 되는 옷을 입고, 밑창이 두툼하지 않은 유연한 신발을 신고 즐거운 마음으로 걸어라. 장시간 걸을 때는 수분 보충을 위해서 물병을 갖고 나가라.

걷기는 혈액 순환 효과와 신진대사 작용을 통해서 고혈압, 당뇨, 동맥경화와 같은 성인병 예방은 물론이고, 뇌를 자극해서 치매나 뇌졸중을 막아준다. 체지방 감소에 도움이 됨은 물론이고, 지구력을 강화시킴으로써 기본 체력을 길러 준다. 또한 행복호르몬인 세로토닌의 분비로 스트레스가 줄어들고, 창의력 향상에도 도움을 준다.

의학의 아버지인 히포크라테스는 "걷는 것이 바로 최고의 약"이라고 했고, 동의보감의 저자인 허준은 "좋은 약을 먹는 것보다 좋은 음식을 먹는 것이 낫고, 좋은 음식을 먹는 것보다 걷는 것이 좋다"고 했다.

후반생에서는 뒤로 갈수록 근력이 쇠약해지면서 신체 균형이 점점 허물어져간다. 건강하면서도 우아한 삶을 살고 싶다면 부지런히 걸어라. 오늘 걷는 한 걸음 속에 노년의 행복이 담겨 있다.

나이 들수록 가장 깨끗해야 하는 곳, 혈관

—

단란주점을 하는 50대 중반인 P는 코로나19로 인해서 손님이 줄어들자 고민이 이만저만이 아니었다. 인건비는 고사하고 월세 내기조차 힘든 상황이 이어지다 보니, 폐업 여부를 놓고 갈등 중이었다. '홀아비 딱한 사정은 과부가 안다'고 인근 가게도 상황이 비슷하다 보니, 일찌감치 문을 닫고 점주들끼리 모여서 한잔 하는 술이 그나마 유일한 낙이었다.

그러던 어느 날, 하루는 새벽녘에 잠에서 깨어났는데 왼쪽 가슴이 몹시 아팠다. 보이지 않는 거대한 손이 가슴을 힘껏 움켜쥐는 것만 같았다. 옆에서 자고 있는 아내를 깨우려고 했으나 호흡이 꽉 막혀서 말조차 제대로 나오지 않았다.

점점 의식이 멀어져 갔고, 정신을 차려보니 병원이었다. 심근경색으로 실신해서 구급차를 불러 병원으로 급히 옮겨왔다고 했다. 혈전으로 막힌 관상동맥을 뚫고 스탠트를 삽입해서 넓히는 수술을 했다. 다행히 수술은 잘 끝났다.

장사도 안 되는데 병원비도 부담되어서 퇴원하고 싶었지만 의사가 수술 경과를 좀 더 지켜봐야 한다고 해서 3주 남짓 입원해 있다가 퇴원했다.

집에서 쉬며 아침저녁으로 산책을 나가는데 가끔씩 호흡 곤란 증세와 함께 맥박이 빨라지곤 했다. 약을 먹으면 한결 나아지기는 하지만 그때마다 그는 죽음이 아주 가까운 곳에 있다는 사실을 실감하곤 한다.

혈관은 산소와 영양분을 실은 혈액을 몸 구석구석으로 보내는 통로 역할을 하고, 말초세포와 조직이 배설하는 이산화탄소와 노폐물을 받아들이는 역할을 한다. 구조와 기능에 따라 동맥, 정맥, 모세혈관으로 나뉜다.

인체에 자리한 혈관의 총 길이는 12만 킬로미터로 지구 둘레의 세 배에 이른다. 혈액은 심장에서 동맥을 타고 온몸으로 보내지는데 점차 가늘어져서 모세혈관으로 옮겨가고 조직을 적신 뒤, 다시 정맥을 타고 심장으로 되돌아간다.

혈액은 세균이나 바이러스 등과 같은 외부 침입물질과 싸워 몸을 방어하는 역할을 하고, 중금속이나 매연 등과 같은 독성 물질을 간으로 옮겨서 해독하는 역할을 하고, 산소와 영양소를 몸 구석구석 운반하며 신진대사를 통해서 나오는 노폐물을 배출해서 인체 내의 산도를 유지하는 역할 등을 한다.

건강의 시작은 첫 번째가 원활한 혈액 순환이고, 두 번째가 맑고 깨끗한 피를 유지하는 일이다. 피가 탁해져서 점도가 높아지고 산성화되면 혈관벽에 들러붙어 혈관을 막거나 뭉쳐져서 혈전을 형성하여, 혈류의 진행을 막아 뇌졸중, 심근경색 등 심뇌혈관질환의 원인이 된다. 심장질환과 뇌혈관질환은 국내 사망 원인 중 암에 이어서 2, 3위를 차지할 정도로 위험한 질환이다.

피를 탁하게 하는 주된 원인은 '과잉 영양소'다. 젊었을 때는 과식해도 체내에서 열량을 대부분 해결하고 노폐물을 콩팥에서 걸러낸 뒤 밖으로 배출시킨다. 그러나 나이를 먹으면 기초대사량이 떨어져서 에너지로 소진되지 못하고 남는 영양소가 혈액 등에 지방 형태로 쌓이게 되고, 콜레스테롤과 중성지방을 증가시켜 혈액을 탁하게 한다.

그렇다면 깨끗한 피를 유지하려면 어떻게 해야 할까?

꾸준한 운동으로 기초대사량을 높이는 한편 체내 영양소가 넘칠 정도의 육류 섭취는 삼가야 한다. 또, 버터나 치즈 등의 동물성 기름, 식품첨가물을 가미하거나 기름에 튀겨서 만든 인스턴트식품 섭취도 최대한 줄여야 한다. 이런 식품은 콜라스테롤을 증가시켜 혈관을 좁게 하거나 혈전을 만들어 고혈압이나 동맥경화 등을 유발하는 근본 원인이 된다. 알코올도 몸속 단백질 성분을 중성지방으로 바꿔 혈액을 탁하게 하기 때문에 자주 마시거나 폭주하지 않도록 유의할 필요가 있다.

조깅, 걷기, 등산, 자전거 타기 등과 같은 유산소 운동을 하게 되면, 혈액의 흐름이 빨라져서, 혈관 벽에 찌꺼기가 쌓이는 것을 방지한다. 또, 혈액 속에 소진되지 못하고 남은 영양소가 몸 밖으로 배출되면서, 나쁜 LDL콜레스테롤과 중성지방 수치가 내려가게 된다.

후반생에는 신체 활동을 늘려서 혈관의 탄력성이 떨어지는 것을 방지하는 한편, 탁한 피가 혈관 벽에 들러붙거나 혈전이 쌓이지 않도록 관리할 필요가 있다.

혈관에 도움이 되는 음식으로는 피를 맑게 하는 과일과 녹황색 채소, 오메가3 지방산이 풍부해서 혈액 내 지방을 줄여주는 고등어나 참치, 청어, 정어리 등과 같은 등 푸른 생선 등이 대표적이다.

그밖에 타우린 성분이 풍부한 굴, 낙지, 오징어와 칼륨이 풍부해서 나트륨의 배설을 돕는 바나나와 배와 감귤 등이 있다. 또, 알리신 성분이 있어서 피를 맑게 하는 마늘, 혈전을 예방하고 피를 맑게 하는 미역, 콜레스테롤이 동맥벽에 들러붙는 것을 막아 주는 귀리와 토마토가 있다. 펙틴 성분이 풍부해서

콜레스테롤 수치를 낮춰 주는 사과, 심장을 보호해 주는 강황, 동맥 건강에 필수적인 단일불포화 지방산과 오메가3 지방산이 풍부한 견과류, 심장병을 예방해 주는 올리브오일, 항산화 물질이 들어 있는 석류도 혈관에 좋은 음식이다.

생텍쥐페리의 소설 《어린왕자》에서 여우가 어린왕자에게 이렇게 말한다.

"무엇이든지 마음의 눈으로 가장 잘 볼 수 있으며, 가장 중요한 것은 눈에 보이지 않는다."

전반생에서는 눈에 보이는 것에 신경 쓰며 살았다면, 후반생에서는 눈에 보이는 것보다 보이지 않는 것에 더 신경 쓰며 살아가야 한다. 그래야 조화가 이뤄지지 않겠는가.

혈관 또한 눈에 보이지 않는다. 하지만 우리의 마음은 이미 알고 있다. 근래 나 자신이 얼마만큼 운동을 멀리 했으며, 얼마나 몸에 좋지 않은 음식을 섭취했는지. 마음이 불편해하지 않도록 혈관도 관리하며 살자.

뇌 건강만 지켜도 절반은 성공이다

—

   50대 주부인 U는 30대 중반에 사고로 남편을 잃었다. 삶의 목적이자 희망이었던 아들은 지방대 로스쿨에 진학하면서 분가하고, 딸은 출퇴근 시간이 길어서 직장 앞에 오피스텔을 얻어서 지냈다.

   그녀는 '빈 둥지 증후군'으로 한동안 우울증을 앓았다. 또, 밤마다 매일 술을 마셨는데 언제부터인가 필름이 자주 끊겼다.

   리모컨이나 휴대폰을 찾아서 한참을 헤매는가 하면, 외출했다가 집으로 돌아가는 길을 잃어버린 적도 있었고, 현관 비밀번호가 기억이 안 나서 결국 도어락을 통째로 바꾸기도 했다.

   하루는 집에 멍하니 앉아 있는데 아들과 딸이 나란히 들어왔다. 딸이 식탁과 그녀를 번갈아 돌아보고는 깜짝 놀라 물었다.

   "엄마, 왜 그러고 있어? 오늘 오빠 생일이니까 집에 와서 저녁 먹으라며?"

   "뭐? 내, 내가 왜 미, 미쳤다고 너희들 생일상을 차려줘!"

말을 더듬으며 벼락같이 화를 내자 아들과 딸은 멍한 얼굴로 그녀를 바라보았다. 평생 타인에게는 물론이고 자식에게도 큰소리 한 번 내지 않았던 그녀였다.

잠시 대화를 나눠 본 자식들은 그녀의 상태가 심각하다는 사실을 깨달았다. 그녀는 어젯밤의 통화 내용을 하나도 기억하지 못했다.

다음날 병원에서 여러 가지 검사를 받았다. 의사는 유전적인 요인과 우울증, 상습적인 음주로 인해, 알츠하이머 치매라고 했다.

딸은 그녀를 끌어안고 눈물을 흘렸고, 아들은 믿기지 않는 듯 "엄마가 치매라니…"하며 같은 말만 중얼거렸다. 그녀는 본능적으로 무언가 잘못되었다는 사실을 느꼈지만 어디서부터 바로잡아야 할지 도무지 알 수 없었다.

치매는 기억력 저하와 함께 시공간 지각능력, 언어능력, 실행능력 등의 손상으로 인해서, 일상생활을 하기에 어려움이 생기는 퇴행성 만성 뇌 질환이다.

그중 65세 이하의 연령대에서 발생하는 치매를 '초로기 치매'라고 하는데, 초로기 치매 환자가 점차 늘어나는 추세다. 중앙치매센터에 의하면 2018년 전체 치매 환자 약 75만 명

중 7만 명이 초로기 치매 환자로 분류됐다. 대략 열 명에 한 명꼴인 셈이다.

초로기 치매는 노년기 치매보다 뇌세포의 손상 속도가 빨라서, 생존율도 진단 후 평균 6년에 불과하다. 신체가 건강할수록 진행 속도 또한 빨라진다는 점이 특징이다.

처음에는 나이를 먹어서 건망증이 심해졌다고 안이하게 생각하다가 이해력, 계산력, 판단력, 실행력 등이 점차 둔화되고, 성격에 급격한 변화가 오기도 한다.

초로기 치매의 원인으로는 알츠하이머 치매가 3분의 1로 가장 많다. 알츠하이머 치매는 유전적인 특성에 의한 가족성 알츠하이머 치매와 비 가족성 알츠하이머 치매로 분류되는데, 전자의 경우 진행 속도가 더 빠르다.

그다음으로는 음주나 나쁜 습관에 의해서 뇌혈관에 문제가 생겨서 발생하는 혈관성 치매, 전두측두엽에 문제가 생겨서 공격적이고 반복적인 이상 행동을 하는 성격 장애가 동반되는 전두측두엽 치매 순이다.

초로기 치매는 노인성 치매 환자에 비해서 나이가 상대적으로 젊은 데다, 갱년기나 우울증과 비슷한 증상이 동반되다 보니, 병이 상당히 진행된 뒤에야 뒤늦게 심각성을 깨닫고 병원을 찾는 경우가 대부분이다.

나이와 상관없이 인지능력의 저하나 갑작스러운 성격 변화로 인해, 본인 스스로나 주변 사람들이 당혹해한다면 병원을 방문해 상태를 정확히 확인해 볼 필요가 있다. 원인을 찾고, 치료 시기를 놓치지 말아야 백세 인생을 누릴 수 있다.

초로기 치매를 예방하기 위해서는 다음을 명심해야 한다.

첫째, 과다한 음주와 흡연을 삼간다

초로기 치매의 10%는 음주에 의한 치매이므로, 술을 마시던 중 필름이 끊기는 '블랙아웃 현상'이 반복된다면 초로기 치매에 걸릴 확률이 높다. 또, 흡연을 하면 신경학적 퇴행이 빨라져서 알츠하이머 치매를 부를 수 있다.

둘째, 꾸준한 운동과 건강한 식습관으로 혈관을 관리한다

운동은 뇌를 자극해서 기억력과 창의력을 좋게 한다. 또, 건강한 식습관은 피를 맑게 하고 혈관을 보호하는 역할을 한다.

셋째, 만성질환을 체계적으로 관리한다

고혈압, 당뇨, 고지혈증, 동맥경화 등과 같은 성인병은 혈류의 정상적인 흐름을 방해해서 뇌세포를 파괴할 수 있으므로 체계적인 관리가 필요하다.

넷째, 우울증에 걸리지 않도록 대인관계를 활발히 한다

우울증은 전전두엽과 변연계를 무력화시켜서 치매 발병률을 높인다. 대인관계를 활발히 하고, 사회 참여 활동을 왕성하게 하면 치매에 걸릴 확률이 현저히 낮아진다.

다섯째, 뇌를 능동적으로 사용한다

수동적으로 텔레비전을 시청하기보다는 책을 읽는 쪽이, 익숙한 동네를 매일 산책하기보다는 낯선 곳으로 여행을 가는 쪽이 치매에 걸릴 확률이 낮다. 최근 연구 결과에 의하면 인터넷 검색이 뇌의 광범위한 영역을 자극해서 뇌 활동을 촉진시킨다고 한다. 창작 활동이나 봉사 활동을 통해서라도 뇌를 능동적으로 사용할 필요가 있다.

뇌에 좋은 음식은 다음과 같다.

세로토닌과 엔도르핀 분비를 자극하고 항산화제가 포함되어 있는 다크 초콜릿, 건강한 박테리아가 함유되어 뇌 건강을 돕는 천연 요거트, 오메가3 지방산과 비타민 E의 함량이 높아서 인지기능 저하를 막아주는 아보카도와 아마씨, 콜린 함유량이 높아서 뇌 기능을 돕고 뇌 세포막을 보호하는 브로콜리 등이 있다.

그 밖에도 등 푸른 생선, 호두, 강황, 올리브오일, 귀리, 양파, 토마토, 호박, 시금치, 바나나 등이 혈관에도 좋고 뇌 건강에도 좋은 식품들이다.

후반생에서 삶의 질을 결정하는 것은 건강이다. 비거스탑이 오죽하면 "병든 제왕보다 건강한 구두수선공이 더 훌륭한 사람이다"라고 했겠는가.

우리는 산소로 인한 부족함을 느끼지 않기에 산소의 고마움을 잊고 산다. 세월이 지날수록 가치가 높아지는 것이 건강임에도 불구하고, 건강할 때는 건강의 소중함을 망각한다.

어리석은 사람은 병상에서 석양을 보며 후회의 눈물을 흘리고, 현명한 사람은 강가를 산책하며 아름다운 노을을 감상한다. 당신은 어떤 후반생을 보내고 싶은가?

제7장

"나이 들수록 새로운 친구들을 사귀지 않으면 그는 곧 외로움을 느끼게 된다.
인간은 꾸준히 우정을 수선해 나가지 않으면 안 된다."

새뮤얼 존슨

관계, 삶의 의지를 채워주는 충전소

후반생을 위한 인간관계 정리법

—

중견기업 재무팀에서 일하다 52세에 퇴직한 P는 아내와 함께 해외여행도 가고, 국내 여행도 다니며 6개월 남짓 즐거운 시간을 보냈다.

그 후로는 재취업을 위해 이력서도 넣고, 직장을 다닐 때 사귀었던 지인들에게 부탁도 하면서 한동안 분주하게 뛰어다녔다. 그러나 기다렸던 연락은 오지 않고 무료한 시간이 이어졌다.

집에 있으니 아내의 눈치가 보여서 매일 집을 나서지만 사실 갈 데도 없었다. 업무 관계로 만났던 지인들은 연결고리가 사라져서 더 이상 만날 명분이 없었다. 그렇다고 아예 연락도 없이 살았던 고향 친구나 동창들에게 이제 와서 먼저 연락하기도 낯간지러운 일이었다.

고등학교 때부터 어울렸던 절친은 다섯이었다. 그중 한 명은 3년 전에 사고로 죽었고, 한 명은 자기만 아는 데다 욕을 입에 달고 살아서 아예 친구 명단에서 제외했고, 한 명은 캐나다로 이민 가서 몇 년에 한 번 볼까 말까 했고, 한 명은 지방에 사는데 1년에 한두 번 봤고, 한 명은 대중교통으로 한 시간 거리에 살지만 두 달에 한 번쯤 만났다.

'내 인맥이 이렇게 협소했나?'

그는 공원이나 음식점에서 삼삼오오 모여서 떠들고 있는, 비슷한 또래를 보면 그렇게 부러울 수가 없었다.

'차라리 온라인 동호회라도 가입해 볼까?'

잠시 생각해 보다가 이내 머리를 흔들었다. 내향적인 성격이다 보니 새로운 모임에 나간다 하더라도 마음이 그리 편할 것 같지는 않았다.

인간관계는 삶의 만족도나 행복지수와 밀접한 관계가 있다. 경제적으로 부족함 없는 노후대책을 세워 놓았다 하더라도 인간관계가 협소하면 고독이라는 덫에 걸리게 된다.

하버드대학교 성인발달연구소에서 1938년부터 724명의 인생을 추적한 결과, 친밀하고 폭넓은 인간관계를 유지한 그룹이 그렇지 않은 그룹에 비해 기억력이 뛰어난 건강한 뇌를 지녔으며, 삶의 질도 높고 장수한 것으로 나타났다.

후반생을 건강하게 살아가려면 인생 이야기를 나눌 친구, 건강한 삶을 위해서 조언을 해 줄 친구, 자산을 불릴 수 있는 노하우를 가르쳐 줄 친구, 부담 없이 여행을 함께 떠날 수 있는 친구, 나의 삶을 공감하고 이해해 줄 친구, 교양과 품격 있는 삶을 살아갈 수 있도록 이끌어 줄 친구가 필요하다.

물론 절친 몇 명이 인생살이에 필요한 모든 역할을 해 주면 더없이 좋겠지만 그들도 자신의 삶이 있기 때문에 항상 함께할 수는 없다. 후반생을 앞두었거나 후반생을 살아가는 중이라면 인맥을 한 번쯤 정리 정돈할 필요가 있다.

다음은 행복한 후반생을 위한 인간관계 정리정돈법이다.

첫째, 관계 회복하기

가장 중요한 관계는 말할 것도 없이 가족이다. 배우자나 자식과의 관계가 친밀한가, 그렇지 않은가에 따라서 행복지수가 달라진다. 그동안 사회생활을 하느라 바빠서 등한시했다면 먼저 다가가서 화해의 손을 내밀어라.

둘째, 관계 복원하기

가족과 일에 치여서 잊고 살았던 고향친구, 학교 동창, 동아리 활동을 같이했던 옛 친구들을 찾아라. 요즘에는 인터넷의 발달로 어렵지 않게 찾을 수 있다. 은퇴한 뒤 끈 떨어진 갓 신세가 되기 전에 옛 친구들 무리에 합류하라.

셋째, 관계 굳히기

지인이긴 하지만 연락이 끊기며 사이도 벌어진 사람들에게 먼저 연락하라. 전화나 카톡으로라도 자주 연락을 주고받다 보면 친밀한 사이가 된다.

넷째, 좋은 친구 사귀기

업무 관계로나 모임에서 만났지만 평생 친구로 삼고 싶은 사람도 더러 있다. 놓치기 아까운 사람은 퇴직 전에 친구로 삼아라. 업무로 만나는 사이라면 가족사진도 보여주면서 사적인 이야기도 나누고, 퇴근 후에는 별도로 만나서 식사라도 하며 개인적인 고민도 털어놓다 보면 친구 사이로 발전한다.

다섯째, 불필요한 관계 정리하기

살다 보면 불편한 관계도 맺게 된다. 만나면 스트레스가 쌓이는 사람, 헤어지고 나면 돈과 시간이 아까운 사람, 잠수를 탔다가 부탁할 일이 있을 때만 연락하는 사람, 이런저런 비교를 해서 상대방을 초라하게 만드는 사람, 신뢰할 수 없는 사람…. 이런 사람들은 후반생의 스트레스를 줄이기 위해서라도 과감하게 정리할 필요가 있다.

여섯째, 비슷한 취미 지닌 사람 만들기

등산이나 배드민턴 같은 운동 동호회, 클래식을 듣거나 악기를 함께 연주하는 음악 동호회, 목공예나 사진을 배우는 동호회, 요리나 외국어를 배우는 동호회 등 평소 해보고 싶었던 모임에 가입해서 활동을 시작하라. 취미가 같으면 쉽게 친해질 수 있다.

일곱째, 여행 동지 만들기

퇴직 후에는 여럿이 여행을 가고 싶어도 저마다의 사정 때문에 함께 가기가 쉽지 않다. 부부 동반 여행을 가고 싶거나, 아내가 함께 여행을 할 수 없는 상황이라면 미리 여행 동호회에 가입해서 뜻 맞는 사람을 찾아라.

여덟째, 멘토 만들기

주변 사람 중에서 재테크에 밝은 '경제 멘토'를 미리 만들어 놓아라. 또, 인생을 살아가는 데 있어서 여러모로 배울 점이 많은 '인생 멘토'도 붙잡아 두어라. 퇴직하고 나면 마음이 위축되어서 먼저 다가가기가 쉽지 않다.

아홉째, 봉사 활동하며 친구 사귀기

퇴직하고 나면 남는 것이 시간이다. 각종 봉사 활동을 미리 해 보며, 적성에 맞는 봉사 활동을 찾아라. 봉사 활동도 하며 좋은 사람도 사귄다면 일석이조 아니겠는가.

미국의 지질학자이자 극지탐험가였던 로렌스 M. 굴드는 이렇게 말한다.

"다른 사람이 당신에게 관심을 갖게 하고 싶거든 눈과 귀를 닫지 말고 먼저 관심을 표하라. 이 점을 이해하지 못하면 아무리 재간이 있고 능력이 있더라도, 다른 사람과 사이좋게 지내기는 불가능하다."

후반생의 행복지수를 높이려면 한 번쯤 인맥을 정리 정돈하라. 그들 중 일부는 자신의 삶에 집중하느라 함께 하지 못하고, 그들 중 일부는 병 들거나 먼저 세상을 떠나서 함께 시간을 보내지 못하게 된다.

세월이 흐르다 보면 인맥도 자연스럽게 걸러져서, 그들 중 몇 명에게만 따뜻한 정을 느끼게 된다. 행복한 인생은 따뜻한 인간관계 속에 깃들어 있다.

관계의 질이 삶의 질을 결정한다

—

대기업 인사팀 본부장으로 일하다 퇴직한 B는 회사 내에서 일명 마당발로 불렸다. 특유의 사교성과 기억력으로 임원진부터 말단 사원까지 모르는 사람이 없었고, 노조 간부들과도 친하게 지내서 노사 간의 갈등이 일어나면 물밑에서 협상을 조율하곤 했다.

그는 퇴사하고 난 뒤 전·현직 직원들의 부름에 응하느라 한동안 바쁘게 지냈다. 개업식이나 결혼식, 장례식장에 얼굴을 내비쳤고, 회사 내 각종 동호회 활동에도 틈틈이 합류했고, 지인들과 골프 모임에도 참석하곤 했다.

시간이 지나면서 점차 직장에 재직 중인 사람들과의 만남이 어색해져서 참석을 자제하게 되었다. 그러다 보니 모임이 대폭 줄어들어서, 한동안 멀리했던 고교와 대학 동창 모임에 적극적으로 참석했다.

그렇게 3년이 지나자 모임 자체가 시들해졌다. 그는 여전히 이런저런 모임에 꼬박꼬박 참석하고는 있지만 직장에 다닐 때처럼 즐겁지 않았다. 어떤 때는 실컷 술 마시고 떠들어도 신나기는커녕 마음 한구석이 쓸쓸하기만 했다.

'왜 이렇게 외롭지?'

곰곰이 생각해 보니, 모임도 많고 아는 사람도 많지만 친한 사람이 없었다. 밀물과 썰물처럼 그저 우르르 만났다 뿔뿔이 헤어지면 그뿐이었다.

'도대체 원인이 뭘까? 직장 다닐 때와 뭐가 달라진 거야?'

그는 답을 찾아보려 안간힘을 썼지만 소용없었다. 도저히 풀 수 없는 수수께끼를 마주하고 있는 기분이었다.

옥스퍼드대학교 진화인류학 교수인 로빈 던바는 자신의 저서 《우리에게 얼마나 많은 친구가 필요한가》에서 흥미로운 숫자를 제시했다.

아프리카 야생 원숭이의 집단생활을 관찰하면서 얻은 결론에 의하면 영장류의 대뇌신피질의 크기를 고려할 때, 한 사람이 사회적 관계를 안정적으로 유지할 수 있는 인맥의 숫자는 최대 150명이라는 것이다.

그는 한 사람이 유지하는 인간관계의 양과 질에 관한 '3배수 법칙'을 내놓는데 '진짜 친구'라고 할 수 있는 사랑하는 사람은 5명, 같이 있으면 즐거운 '좋은 친구'는 15명, 그냥 '친구'는 50명, '지인이라고 할 수 있는 사람'은 150명이라는 것이다.

평생 동안 희로애락을 함께 나눌 수 있는 진짜 친구는 5명밖에 안 된다는 사실에 실망하는 사람도 있겠지만 실제로는 5명도 안 된다.

2017년 한 신문사가 20~60대 성인 남녀 1,038명을 대상으로 친구 관계를 조사했다. 그 결과 휴대전화에 저장된 연락처는 100~300개(32.1%)가 가장 많았고, 소셜 미디어에 등록된 친구는 100명(61.99%) 수준이었지만, '진짜 친구'를 묻는 질문에는 5명 이하(69.4%)라는 대답이 압도적 1위를 차지했다.

나이를 먹으면 친구를 사귀는 것이 쉽지 않다. 특히 전반생에서 화려한 삶을 살았던 사람의 경우에는 더욱 그렇다. 자신은 가만히 있어도 상대방이 먼저 다가오는 것에 익숙해져 있다 보니 가까워지기 위한 특별한 노력을 기울이지 않는다.

후반생에서 대인관계는 양보다는 질에 신경 써야 한다. 전반생에서는 폭넓은 인간관계가 실적이나 승진과 밀접한 관련이 있었지만 후반생에서는 불필요한 술자리나 과다한 지출로 인해서 오히려 삶의 질을 떨어뜨릴 수 있다.

마음을 주고받을 수 있는 친밀한 사이가 되고 싶다면 다음 사항을 명심하라.

첫째, 나 자신을 알아라

장단점이 무엇이며, 어떤 성향을 지녔고, 무엇을 할 때 가장 큰 즐거움을 느끼는지 등을 파악하라.

둘째, 사귀고 싶은 사람을 발견하면 먼저 다가가라

가까운 이웃이 먼 친척보다는 낫다는 속담도 있듯이 가까운 곳에 마음을 주고받을 수 있는 친구를 사귀어 두자.

셋째, 베풀 수 있는 것은 아낌없이 베풀어라

아깝다고 생각하지 말고 교양, 지식, 정보 등을 주저하지 말고 제공하라. 꽃에 벌이 날아들 듯, 이익을 주는 사람 앞에서는 마음을 열 수밖에 없다.

넷째, 매력을 발산하라

평범한 사람보다는 매력적인 사람에게 마음이 간다. 자신만의 매력을 발산하며 살아가면, 인기도 치솟고 자존감도 높아진다.

다섯째, 사소한 것도 구체적으로 칭찬하라

칭찬은 고래도 춤추게 한다고 하지 않는가. 아무래도 친근하게 대해 주는 사람에게 호감을 갖게 마련이다.

여섯째, 열심히 살아가는 모습을 보여 줘라

사람은 무언가 배울 것이 있는 사람에게 존경심을 품기 마련이다. 후반생이라고 해도 삶을 소진하고 있는 듯한 모습을 보여 줘선 안 된다.

일곱째, 씨를 뿌렸으면 싹이 틀 때까지 인내심을 갖고 기다려라

친밀한 사이로 발전하기까지 때로는 긴 세월이 걸리기도 한다. 저마다 특성이 달라서 늦게 마음을 열지만 그 관계를 생명처럼 소중히 여기는 사람도 있다.

스페인의 철학자이자 작가인 발타시아 그라시안은 "속마음을 나눌 수 있는 친구만이 인생의 역경을 헤쳐나갈 수 있는 힘을 제공한다"고 했다.

후반생에는 고난이 곳곳에서 우리를 기다리고 있다. 마음을 주고받을 수 있는 사람들과 함께라면 고난 앞에서도 마냥 힘겹지만은 않다.

모든 순간들은 지나가나니, 때때로 눈을 마주한 채 환한 미소를 지을 수 있다면 그 또한 행복 아니겠는가.

마음의 매듭을 푸는 법

—

  프리랜서로 30년 남짓 일하던 W는 10년 만에 죽마고우를 찾아갔다. 술을 한잔 마시면서 솔직한 심정을 털어놓았다.

  "야, 그때 정말 섭섭하더라! 그날 너에게 도움을 바라고 찾아간 건 아니야. 사람이 궁지에 몰리니까 속마음을 털어놓을 사람이 없더라. 그래서 그냥 술이나 한잔하면서 하소연이나 해볼까 하고 찾아갔는데, 어떻게 네가 날 그렇게 문전박대 할 수 있어?"

  "미안하다. 그때는 나도 정말 안팎으로 힘든 시기여서 신경이 예민해져 있었거든."

  "내 얘기도 들어보지 않고 대뜸 안 산다고 그랬지?"

  "그랬나? 사실 그날 오전에도 보험 하나만 들어달라고 대학 동창이 찾아왔었거든. 그러던 차에 네가 힘들다는 소문도 들려오고 그래서 그만…."

  "그래도 친구라면 그러면 안 되는 거 아냐? 일단 이야기는 들어 봐야지.”

“맞아! 그래선 안 되는 건데… 그때는 나도 누군가를 배려할 여유가 없었어.”

그는 모처럼 친구를 만나 이야기를 나누다 보니, 얼음장처럼 가슴 한복판에 맺혀 있던 섭섭함이 서서히 녹아내리는 것을 느낄 수 있었다. 하얗게 센 친구의 머리카락을 보고 있으니 왠지 모르게 가슴이 뭉클해졌다.

열심히 살다 보면 마음속에 실타래처럼 엉겨버린 매듭이 한두 개쯤은 생기게 마련이다. 이러한 매듭은 부부, 형제, 친구, 선후배, 부자, 모자, 사제 사이에도 생길 수 있다.

기대는 실망의 또 다른 얼굴이다. 기대가 클수록 실망도 큰 법이다. 거절을 당해도 사랑하는 사람에게 당한 거절은 좀처럼 섭섭한 마음이 사라지질 않아, 수없이 되새김질하게 마련이다. 그렇게 세월이 흐르다 보면 매듭이 엉키고 엉겨서 풀기조차 쉽지 않다.

인간관계의 매듭을 풀기 위해서는 용기도 필요하지만 삶의 지혜도 필요하다. 그래도 50쯤 되면 매듭을 풀기 위한 기본 조건은 얼추 갖춘 셈이다.

50이란 나이는 후반생으로 넘어가기 위한 쉼표이기도 하지만 하나의 마침표이기도 하다. 현실적으로는 연결성을 갖고서 후반생을 살아갈 수밖에 없지만, 하나의 삶을 마감하고 새로운 삶을 살아간다는 각오로 후반생을 시작할 필요도 있다.

마음의 매듭을 푼다는 것은 화해의 의미도 있지만 틀어진 인생을 바로잡을 수 있는 '절호의 기회'이기도 하다.

인간은 불완전한 동물이다. 인간은 신처럼 완벽한 존재가 아니고, 노력한다고 해도 그렇게 될 수도 없다. 본성 자체가 다르기 때문이다.

한 인간의 생애는 수백만 개의 퍼즐 조각으로 이루어져 있다. 단순하게 눈에 보이는 것, 혹은 그 사람이 저지른 하나의 사건만으로 그 사람을 판단해서는 안 된다. 한 인간을 제대로 판단하기 위해서는 전체를 보려는 노력이 필요하다.

성인으로 추앙받을 정도로 비범한 사람도 깊숙이 파고 들어가면, 타인에게 공개하고 싶지 않은 추악한 면을 일정 부분 지니고 있게 마련이다. 그런 면을 발견하게 되면 기대와 환상을 갖고 있던 추종자로는 배신감을 느끼겠지만 신이 아닌 인간이므로 어찌 보면 지극히 당연한 일 아니겠는가.

하물며 범인이야 말해 무엇 하겠는가. 잘못이나 실수를 자행하는 것이 인간이요, 그 일로 인해 마음의 상처를 입어서 두고두고 잊지 못하는 것 또한 인간이다.

그래도 나이가 50쯤 되면 과거의 행동을 솔직하게 인정할 수 있고, 고백을 들으면서 상대방의 입장에서 사건을 재해석할 수도 있고, 기꺼이 용서하면서 보듬어 줄 수 있는 성숙한 면모도 갖추게 된다.

세월이 흘렀음에도 여전히 마음에 걸리적거리는 것이 있다면 상대방을 만나 허심탄회하게 대화를 나눠 보자. 물론 그 과정에서 서로의 감정이 악화되어 영영 등을 돌리는 경우도 간혹 발생한다. 속마음을 털어놓고 진솔한 대화를 나눴음에도 사이가 벌어진다면 그 관계는 깨끗이 정리하는 편이 후반생을 위해서 더 낫다.

그런 관계는 일종의 폭탄과도 같다. 감정은 수시로 변한다. 평온한 상태에서는 큰 문제가 되지 않지만 한순간, 묵었던 감정이 폭발하면 서로가 돌이킬 수 없는 상처를 입게 된다.

J. 해링턴은 "고백한 잘못은 이미 절반이 시정되었다"고 말했다. 결과야 어떻든 간에 마음의 매듭을 풀려는 시도만으로도 엉켜 있는 매듭을 절반쯤은 푼 셈이다.

마음의 매듭을 풀거나 틀어진 과거를 바로 잡는 행위는 현재의 나를 보다 완벽하게 세우기 위한 과정이다. 과거의 잘못이나 실수를 바로잡아서 현재의 나에게 힘을 보태주면, 자신감을 갖고서 보다 힘차게 후반생을 열어나갈 수 있다.

모든 대화에는 센스가 필요하다

—

50대 중반인 S는 1년에 두 번 정기적으로 만나는 향우회에 나갔다. 워낙 시골이어서 회원이 열 명도 채 되지 않았다.

추억에 젖어서 이런저런 이야기를 나누며 술을 마시다 보니 모임이 끝났다. 아쉬웠던 차에 한동네 살았던 3년 후배가 입가심이나 하자며 맥줏집으로 잡아끌었다.

이런저런 이야기 끝에 후배가 고민을 털어놓았다.

"주인이 전세금 20%를 올려주든지 집을 빼든지 둘 중의 하나를 택하래요. 아내는 달러 빚을 내서라도 이번 기회에 집을 사자고 하는데, 언제 해고될지도 모르는 상황에서 빚을 끌어안고 집을 사기도 그렇고…."

그가 말허리를 싹둑 잘랐다.

"야, 일단 질러! 내가 살아보니까 원숭이는 나무에서 떨어져도 집값은 안 떨어지더라!"

"IMF 때는 떨어졌잖아요?

"그건 특수한 경우야! 일종의 천재지변이라고. 용감한 자만이 미인을 얻는다고 하잖아? 일단 지르고 나서 생각해."

"선배님 말씀처럼 세상살이가 그렇게 단순했으면 좋겠습니다. 그러면 아내와 집 문제로 말다툼할 일도 없고….."

"네가 그러니까 셋방 살림을 못 벗어나는 거야! 뭐가 그렇게 복잡해? 제수씨가 반대한다면 몰라도 사자고 하잖아? 그럼 눈 딱 감고 사면 되지!"

그가 계속 집을 사라고 충고하자 후배는 생각이 복잡한지 연신 술만 들이켰다. 맥줏집을 나오자 후배가 택시를 잡아주었다. 그가 차에 오르며 물었다.

"그래서 집을 살 거야, 말 거야?"

전반생의 대화와 후반생에서의 대화는 다르다. 전반생에서는 대화의 목적이 '설득'에 초점을 맞춰서 나에게 유리한 결과를 얻어내기 위함이었다면, 후반생에서는 '공감'에 초점을 맞춰서 시대를 함께 살아가는 동료 의식을 돈독하게 함에 있다.

또, 전반생에서는 '이기는 대화'를 해 왔다면 후반생에서는 '행복한 대화'를 지향해야 한다. 따라서 옳고 그름을 분별해서 유리한 고지를 점령하는 식의 이성적인 대화가 아니라, 상대방의 입장에서 충분히 공감하며 부족한 부분을 채워주는 따뜻하면서도 감성적인 대화가 되어야 한다.

머리가 아닌 가슴으로 대화하기 위해서는 다음의 아홉 가지 사항을 기억하라.

첫째, 만남의 본래 목적을 잊지 말자

후반생에서의 만남은 보다 친밀한 관계를 유지하기 위함이다. 그러나 대화를 하다 보면 몰입해서 논리로 상대방을 꺾거나 자신의 주장만을 앵무새처럼 되풀이하는 경우가 종종 있다. 이런 식의 대화는 만남의 의미를 퇴색하게 한다.

둘째, 수평적 관계에서 대화하라

대화할 때는 사회적 지위나 나이를 잊어라. 만약 상대방을 조금이라도 얕잡아보는 마음이 있다면 말수를 줄이고 의도적으로 존댓말을 사용하라.

셋째, 공감에 초점을 맞춰라

전반생에서 높은 지위에 있었던 사람일수록 논리적인 대화에 익숙해져 있다. 상대방의 대화를 뇌로 분석하기 이전에 가슴을 열고 먼저 공감하라. 전반생에서 당신을 빛나게 했던 논리적인 대화술은 후반생을 살아나가는 데 있어서 오히려 단점이 될 수 있다.

넷째, 충분히 경청하라

후반생에서는 경청이 어려운데 그 이유는 두 가지다. 하나는 '다 알고 있다는 자만심' 때문이고, 다른 하나는 '약한 체력' 때문이다. 설령 대화하는 주제의 전문가라 할지라도 일단 상대방의 이야기를 충분히 경청하라. 그런 다음 상대방의 이야기 속에서 칭찬할 부분은 칭찬해 주고, 인정할 것은 인정하고, 공감할 수 있었던 부분은 충분히 공감했음을 표현하면 된다. 보태고 싶은 이야기는 '그러나'나 '그렇지만'이라는 표현을 써서 상대방의 주장을 꺾어버리지 말고, '그리고'나, '그래서'라는 표현 뒤에 살짝 덧붙이면 된다.

다섯째, 섣불리 충고하지 마라

상대방을 나의 잣대로 쉽게 판단하지 말고, 나와 의견이 다르다고 섣불리 충고하지 마라. 후반생을 살아가는 사람들은 저마다의 방식으로 세상을 바라보고, 저마다의 방식으로 인생을 해석한다.

여섯째, 과장하지 말고 사실만을 말하라

인간은 과장하는 습성이 있다. 그래야만 자신이 돋보이기 때문이다. 후반생에서는 어지간한 거짓말이나 과장은 이내 들통난다. 친밀한 사이로 발전하려면 항상 진솔한 모습을 보여 줘야 한다. 그리고 상대방이 사실이 아닌 것을 말하더라도 중요하지 않으면 사람들 앞에서 바로잡아 주지 말고, 그냥 넘어가라. 자존심에 입은 상처는 칼에 베인 것보다 더 오래 간다.

일곱째, 내 의견을 말했으면 상대방의 의견도 물어봐라

대화는 상호 생각과 정보의 교환이다. 능동적으로 대화에 참여해야만 그 자리가 의미 있게 느껴지고, 상대방에 대해서 호감을 갖게 된다.

여덟째, 필요하지 않는 경우, 결론을 도출하려고 애쓰지 마라

전반생에서는 대화의 결론이 중요했지만 후반생에서는 결론이 없는 대화를 나눌 때도 많다. 그런 경우 굳이 결론을 도출해 내려고 애쓰지 마라. 마음속으로 승복하고 싶지 않은 결론은 사이를 멀어지게 하는 계기가 된다.

아홉째, 헤어질 때는 따뜻한 인사말을 잊지 마라

만남이 거듭된다는 것은 한 발씩 가까워지고 있음을 의미한다. 좀 더 가까운 사이가 되었음을 기억하며 따뜻한 인사말을 건네라. 그래야 다음 만남이 기대된다.

좋은 친구는 가까운 곳에 있다

—

지방에서 과학기술연구원으로 일하던 E는 가끔 가슴 통증을 느꼈다. 그러던 어느 날, 기침하다가 가래를 뱉으니 피가 섞여 나와서, 병원에 갔다가 폐암 진단을 받았다. 그는 병가로 인한 퇴직 신청을 하고, 서울 대형병원에서 의사로 근무하는 친구를 찾아갔다.

친구가 소개해 준 의사에게서 수술을 받았고, 항암치료에 들어갔다. 지방과 서울을 수시로 오가며 치료를 받자니 몸도 힘들고, 시간도 많이 뺏기고 해서 아예 서울로 이사했다.

예정된 항암치료를 모두 받은 뒤, 꾸준히 걷기 운동을 한 결과 1년이 지나자 건강이 호전되었다. 그러자 이번에는 감당하기 힘든 외로움이 밀려왔다.

큰아들은 박사 학위를 딴 뒤 미국에서 자리 잡았고, 둘째 아들은 석사 학위를 따기 위해 영국에서 공부 중이었다.

아내와 단, 둘뿐인데 산책 이외에는 달리 갈 데가 없었다.

그동안 함께 했던 지인들이라고 해 봤자 직장 관계자들과 교인 몇 명이 전부이긴 했지만 그래도 적적한 줄 모르고 살아왔던 세월이었다.

물론 서울로 이사 온 뒤에도 꾸준히 교회에는 나가고 있지만 성격이 워낙 내성적이다 보니 친분을 쌓기가 쉽지 않았다. 아내는 아파트 단지 내 주부들과 가까워졌지만 그는 여전히 외톨이었다.

'다시 이사 갈까?'

마음 같아서는 되돌아가고 싶지만 서울 생활에 순조롭게 적응해 나가고 있는 아내에게 차마 말할 용기가 나지 않았다.

후반생에서는 속마음을 터놓을 수 있는 친밀한 사이도 필요하지만 가까이 살면서 자주 만날 수 있는 근거리 친구도 필요하다. 한국은 유럽이나 일본처럼 지역 모임이 활성화되어 있지 않다. 점차 나아지고 있는 추세지만 근거리 친구를 사귀고 싶다면 능동적으로 움직여야 한다.

취업 의사가 있는 경우라면 '장년 워크넷', '중장년 일자리 희망센터', '50+ 센터', '한국폴리텍대학' 등에서 교육을 받으면서 친구를 사귀는 것도 하나의 방법이다.

재취업 의사가 없다면 '구청', '행정복지센터', '백화점 문화센터', '도서관' 등에서 주최하는 주민들을 위한 문화 행사에 참여해서, 평소에 관심 있었던 것들을 함께 배우다 보면 자연스럽게 근거리 친구를 사귈 수 있다. 시에서 운영하는 종합사회복지관에서 복지사업이나 교육문화사업 등에 동참해서, 함께 일하며 다양한 연령대의 친구를 사귀는 것도 좋은 방법이다.

소일거리 삼아서 돈도 벌고 친구도 사귀고 싶다면 시청, 구청, 행정복지센터, 도서관 등에서 거주 주민들을 대상으로 실시하는 각종 사업을 살펴보다가 관심 있는 분야에 지원하라.

아파트 주민 모임도 근거리 친구를 사귈 수 있는 좋은 기회다. 또 동네에서 파트타임 일자리를 찾아서 일하다 보면, 동료의식도 싹 터서 쉽게 친분을 쌓을 수 있다.

후반생에서는 고립되기 전에 먼저 손을 내밀어야 한다. 외로움을 느낄 때는 이미 대인관계가 단절되어 버린 뒤일 수도 있다. 심심하다고 텔레비전 앞에 앉아 있지만 말고, 운동이나 취미활동이라도 하러 밖으로 나가라. 활동적으로 살다 보면 어렵지 않게 근거리 친구를 사귈 수 있다.

전반생에서는 대다수가 살아온 환경이 비슷하거나 자신과 성격이 닮은 사람 위주로 친구를 사귄다. 그래야 마음도 편하고, 유머 코드도 잘 맞기 때문이다. 그러나 후반생에서는 선택의 폭을 넓혀야 한다.

전문가로 한평생을 살아오거나 고위직에서 일하다가 은퇴한 사람 중에는 독불장군이 많다. 이런 부류의 사람들은 먼저 말을 붙일지도 모르고 남에게 베푸는 것도 인색하다. 하지만 일단 친분을 맺게 되면 인연을 소중히 여긴다.

친구와의 대화는 외로움을 잊고 우울증을 예방하는 데 특효약이다. 주변에 대화할 사람이 없다면 교회나 성당, 절 같은 곳에서 종교 활동을 하며 친구를 사귀어라. 만약, 사람 사귀는 재주가 젬병이거나 사람과의 대화가 불편하다면 신과 대화하는 것도 하나의 방법이다.

간혹 한적한 곳에 외따로 살면서 외로워하는 사람도 있다. 아내와 둘이서든, 혼자서든 간에 외로움이 사무친다면 도심지로 이사를 고려해 봐야 한다. 한적한 곳에서 사는 것보다는 시끌벅적한 곳에서 사는 것이 심리적으로 훨씬 덜 외롭다. 또한 친구 사귈 기회도 많다.

후반생에서는 먼저 다가가고, 먼저 말을 붙이는 습관을 길러야 한다. 세상은 거울 같아서 내가 한발 다가가면 한발 다가오고, 내가 말을 붙이면 기다렸다는 듯이 입을 연다.

미국의 지미 카터 전 대통령은 성공적인 은퇴 생활을 위해서는 두 가지가 필요하다고 말한다.

"하나는 재미있다고 느끼는 일을 열심히 하는 것이고, 또 하나는 다른 사람들과 친밀한 관계를 맺는 것이다."

근거리에서 취미 활동이나 사회 활동을 함께할 사람을 찾아라. 그 사람과 친밀한 관계로 발전한다면 후반생의 5할은 성공한 셈이다.

같은 곳을 바라보는 사람을 찾아라

—

G는 지방 명문고를 졸업했다. 명문대에 들어가기 위해서 상경해서 삼수까지 했으나 실패하고, 입대했다. 제대하고 나자 생각이 바뀌어 장사의 길로 접어들었다.

처음에는 온갖 고생을 하다가 30대 후반에 비로소 80평 남짓한 가구점을 할 정도로 자리를 잡았다. 비로소 마음의 여유가 생긴 그는 고급 호텔에서 열린 재경 고교 동기 송년회에 처음으로 나갔다가 큰 충격을 받았다.

사회에서 소위 잘나가는 판사, 검사, 변호사, 의사, 사업가들은 그들만의 자리를 마련해서 중앙에서 웃고 떠들었고, 대기업에 다니거나 프리랜서로 일하는 친구들은 그들 주변을 위성처럼 맴돌았고, 나머지 별 볼 일 없는 친구들은 가장 바깥에서 묵묵히 술을 마셨다. 송년회 정기 행사가 끝나고 2차를 갈 때도 끼리끼리 갔다.

그가 송년회에 참석한 가장 큰 이유는 고등학교 1학년 때

단짝이었던, 변호사가 된 친구와 술이라도 한잔하고 싶어서였다. 그런데 악수할 때 얼굴 한 번 보고, 명함 한 장 받은 것이 전부였다. 그는 집에 가는 길에 명함을 찢어버렸고, 오랜 세월 동창들을 잊고 살았다.

그 뒤로 20년이 흘러서 어느덧 50대 후반이 되었다. 3년 전 아내와 사별하고 매일 술을 마신 때문인지 건강이 급격히 안 좋아졌다. 그는 은퇴를 결심하고 벌였던 사업들을 정리했다. 비록 큰돈은 아니지만 자식들 출가시키고, 혼자서 살아갈 정도는 되었다.

그는 매일 아파트를 나와서 중랑천을 산책한다. 천변을 따라서 걷다 보면 한순간, 지독한 외로움이 밀려들 때가 있다. 그때마다 잊고 살았던 옛 친구들이 떠오르곤 하지만, 어떤 보이지 않는 손이 등을 꽉 잡고 있는 것만 같아서, 가까이 다가가기가 두려웠다.

친구는 행복한 인생을 위한 든든한 자산이다. 특히 후반생이 되면 가치가 높아진다. 새로운 자산을 발굴하는 것도 좋지만 기존의 자산을 최대한 활용할 필요가 있다.

살다 보면 이런저런 이유로 향우회나 동문회와 담을 쌓고 지내기도 한다. 고위직에 있었을 경우에는 수준이 맞지 않아서 외면하기도 하고, 반대로 자격지심 때문에 등을 돌린 경우도 있다. 또, 구성원 중 누군가와 심하게 다퉈서 아예 잊고 사는 경우도 있다.

이유가 뭐든 간에 동창회나 향우회에 등을 돌리는 건 어리석은 짓이다. 고위직이라는 건 그 자리에 있을 때나 유용할 뿐 내려오면 하등의 가치가 없다. 한시라도 빨리 현실을 직시해야 후반생을 즐겁게 살아갈 수 있다.

구성원 중 마음에 맞지 않는 사람이 있다고 안 나간다는 건 구더기 무서워서 장 못 담그는 격이다. 세상 모든 사람이 나를 좋아할 거라는 착각은 버려라. 보기 싫은 사람은 외면하면 그만이다.

자격지심 때문에 등을 돌린 경우도 적지 않다. 이런 사람들은 대개 '혼자 지내는 게 편해서 안 나가는 거야'라는 핑계를 대지만 실상은 다시 마음의 상처를 입을까 봐 두렵기 때문이다. 이렇게 살아도 한평생이고, 저렇게 살아도 한평생이다. 후반생에서는 자신감을 갖고 움츠린 어깨를 활짝 펴라.

각종 동호회도 적극적으로 활용할 필요가 있다. 만족스러운 후반생을 보내는 현명한 방법은 취미 활동을 하거나 무언가를 열심히 배우는 것이다. 호기심과 열정을 갖고 동호회 활동을 한다면 성취감도 느낄 수 있고, 뜻이 맞는 '동지'를 만나

241

행복한 시간을 보낼 수 있다.

동호회는 워낙 종류가 다양하기 때문에 관심만 기울이면 세월이 흘러도 계속 새로운 친구들을 만날 수 있다.

SNS도 친구를 사귈 수 있는 좋은 방법이다. 특히 젊은 친구들을 사귈 수 있다는 장점이 있다. 그러나 지나치게 SNS에 빠질 경우, 수많은 친구들을 사귀고도 오히려 허무감을 느낄 수 있다. 아는 사람은 많지만 마음을 주고받을 사람이 없기 때문에 생기는 현상이다. 온라인과 오프라인 만남을 적절하게 분배해야 인생이 즐겁다.

가수인 데이비드 토머스는 "모험을 하지 않으면 누구하고도 친구가 될 수 없다"고 충고했다. 후반생에서도 좋은 친구를 사귀기 위해서는 모험이 필요하다. 때로는 그 모험이 실패로 돌아갈지라도 가치 있는 모험인 것만은 확실하다.

인생이란 이루었을 때만 성취감과 행복을 맛보는 것이 아니라, 도전하는 중에도 계속 성취감과 행복을 맛볼 수 있기 때문이다.

사람을 얻는 5가지 방법

—

50대 초반에 퇴직한 K는 머리도 아프고 해서 바다낚시를 다녔다. 그러다 지인의 권유로 바다낚시 동호회에 가입했다.

매월 빠짐없이 정기 출조에 나가다 보니 회원들과 가까워졌다. 그런데 연륜이 있는 분들 중에 사회적으로 성공한 사람이 몇 명 눈에 띄었다. 그는 열과 성을 다해서 그분들을 모셨다.

1년쯤 지나자 동호회원들이 등 뒤에서 수군거리기 시작했다. 재력 있고 명성 있는 회원에게는 허리를 굽실거리며 아부하고, 그렇지 않은 회원에게는 말 한마디 건네지 않는다는 이유에서였다. 웃어른을 모시는 건 직장 다닐 때부터 몸에 밴 습관 때문이라고 변명해 보았지만 누구도 믿지 않았다.

하루는 정기 출조를 마친 뒤 회식이 있었다. 술에 만취한 검사 출신의 변호사가 정치 이야기를 꺼내는가 싶더니 정부에 대한 비방을 쏟아냈다. 그는 그분 말도 일리가 있다 싶어서, "그렇죠!", "네, 맞습니다!"하고 연신 맞장구를 쳐 주었다. 그러다 분위기가 이상해서 주변을 둘러보니 다들 똥 씹은 표정이었다.

바른말 잘하기로 소문난 회원이 혼잣말처럼 중얼거렸다.

"젠장! 한 달에 한 번 시원한 바닷바람 쐬며 그 기분으로 한 달을 살아가는데, 오늘은 귓구멍에 쓰레기만 잔뜩 처넣고 가네!"

뒤늦게 자리를 수습해 보려고 안간힘을 썼지만 소용이 없었다. 회원들은 두 사람만 남기고 우르르 식당을 나가 버렸다.

그날 이후로 회원들은 그를 대놓고 배척했다. 표정에서부터 냉기가 돌아서 동호회에 발길을 끊었지만, 마음 한편에서는 누군가 다시 불러주기만을 간절히 기다렸다. 그러나 운영진은 물론이고, 그토록 열과 성을 다해서 모셨던 분들마저 전화 한 통 해 주지 않았다.

전반생의 대인관계 속에는 소통과 교류를 통한 '사회적 성장 욕구'가 그 안에 숨겨져 있다. 겉보기에는 수평적 관계 같아도, 자아를 실현하기 위한 도움을 받으려는 사람이 숙이고 들어가다 보면, 자연스럽게 수직적 관계로 변하게 된다.

후반생의 대인관계 속에는 생존을 위해 집단에 소속되고 싶은 '안전 욕구'가 숨겨져 있다. 서로 친분을 쌓음으로써 외로

움에서 벗어나기 위한 수평적 관계가 기본 형태다.

그러나 전반생에서 대인관계를 해 왔던 습관대로 후반생을 살아가다 보면 여러 가지 문제가 발생한다. 모임 안에서 파벌이 형성될 수밖에 없고, 이익 단체가 아니므로 불만을 품은 회원들이 탈퇴하게 되면, 모임의 존재 자체가 위태로워진다.

후반생의 인간관계는 다음의 다섯 가지를 명심해야 한다.

첫째, 이해타산을 따지지 마라

물론 후반생에서도 사회적 명성이 높고 경제적인 여유가 있는 사람이 존중받고 인기도 높다. 회비든 술값이든 간에 이런 사람들이 한 푼이라도 더 내기 때문이다. 그러나 이해타산을 따져서 접근하게 되면 말투나 자세에서 그 마음이 드러나게 되고, 결국은 다른 회원들의 눈총을 받게 된다.

둘째, 차별하지 마라

은연 중 전반생의 지위나 재산의 유무로 차별하는 사람들이 있다. 아직도 전반생의 성공에 취해서 체면을 내려놓지 못했거나, 전반생을 굽실거리며 살아온 경우 자신도 의식하지 못하는 사이에 이러한 태도를 보인다. 어떤 경우라도 수평적 관계를 추구하는 모임에서는 환영받지 못한다.

셋째, 경쟁심을 버려라

잘난 척, 가진 척, 있는 척, 아는 척, 행복한 척하다 보면 경쟁심이 발동하게 마련이다. 후반생은 전반생과 달리 상대방을 꺾어봤자 누구에게도 환영받지 못한다. 오히려 등 뒤에서 손가락질만 받을 뿐이다.

넷째, 어느 것 하나만 옳다고 주장하지 마라

삶은 제각각이고, 생각도 제각각이다. 그것이 정치든 종교든 철학이든 간에 어느 한쪽이 옳다고 침을 튀기며 주장하지 마라. 한 마리 양을 얻으려다가 아흔아홉 마리 양을 잃는 꼴이다.

다섯째, 훈수하지 마라

나이를 먹으면 뇌가 점점 딱딱하게 굳어간다. 유연성이 떨어져서 자신의 생각이 옳다거나 자신이 다 알고 있다는 식으로 착각하기 쉽다. 그러다 보면 자신과 상관없는 타인의 일에 끼어들어 훈수하기 십상이다. 후반생을 살아가는 사람들이 듣기 싫어하는 것 가운데 하나가 잔소리다. 상대방이 물어본 게 아니라면, 오지랖 넓게 나서서 타인의 일에 개입하지 마라.

중국 속담 중에 '백두여신 경계여구白頭如新 傾蓋如故'라는 말이 있다. '백발이 되도록 사귀어도 새로 사귄 친구 같고, 처음 만난 사이인데도 오래된 친구 같다'는 뜻이다. 옛 친구라 해도 호기심을 잃지 말아야 하며, 처음 만나는 사이라 해도 따뜻한 인사말을 건넬 줄 알아야 현명한 처사라 할 수 있다.

후반생에서의 인간관계는 '중용'에 있다. 오른편에 치우치거나 왼편에 치우치지 않고, 그렇다고 중앙에 머무르지도 않으면서 새로운 관계를 열어가는 향상심을 가져야 한다. 지렁이에게도 배울 점이 있다는 마음으로 대인관계를 한다면 어디에서 무엇을 하든, 누구에게나 환영받지 않겠는가.

제8장

"젊고 아름다운 사람은 자연의 우연한 산물이지만

늙고 아름다운 사람은 하나의 예술 작품이다."

엘리너 루스벨트

품격, 나이 들수록 더 빛나야 하는 것

인격은 포도주처럼 향기롭게

—

수학 교사로 정년퇴직한 P는 1년 동안 세 번의 아픔을 겪었다.

첫 번째는 딸의 유산이었다. 서른여섯 살이란 늦은 나이에 결혼해서 아이를 가질 수 있을까 걱정하던 차에 임신 소식이 들려왔다. 그러나 기쁨은 오래가지 못했다. 10주 된 아이를 유산하고 병실에 누워 있는 딸의 초췌한 얼굴을 보니 억장이 무너져 내렸다. 하도 서럽게 울자, 오히려 딸과 사위가 그를 위로해 주었다.

두 번째는 친구들과의 불화였다. 친한 친구 넷이서 싱가포르 여행 일정을 짜고 회비까지 냈는데, 출발 사흘 전에 딸아이가 유산했다. 그는 도무지 웃고 떠들며 여행할 기분이 아니어서 못 가겠다고 통보했다. 내심 회비의 반이라도 돌려줄 줄 알았는데, 여행에서 돌아온 친구들은 아무런 언급이 없었다. 회비 반환은 없다는 처음에 정한 원칙대로 처리하기로, 자기

들끼리 합의 본 듯했다. 전문 여행사도 아니고 친구끼리 너무 한다는 생각이 들었고, 결국 친구들에게 등을 돌리는 계기가 되었다.

세 번째는 아내의 갑작스러운 사별이었다. 몸이 바짝 마르고 구토를 자주 해서 병원에 데려갔더니 췌장암이었다. 수술 후 항암치료까지 받았지만 6개월도 채 살지 못하고 세상을 떠났다. 좀 더 잘해 주지 못한 후회가 뼈에 사무쳤다.

아내를 화장하고 텅 빈 집으로 돌아오자 눈물이 하염없이 흘러내렸다. 그의 마음속 깊은 곳에서 무언가 와르르 무너져 내렸다. 삶에 대한 의욕과 함께 식욕마저도 사라졌다. 그는 환청처럼 수시로 들려오는 아내와 대화를 나누며 집안을 서성거렸다.

도대체 얼마나 지났을까. 집을 방문한 딸은 초췌한 몰골의 그를 발견하고는 병원으로 데려갔다. 의사는 사별로 인한 우울증이라고 했다. 그는 요즘 병원을 오가며 우울증 치료를 받고 있다.

"그 나이에 알맞은 지혜를 갖지 못한 사람은 그 나이에 겪는 모든 불행을 겪어야 한다."

프랑스 계몽주의 작가, 볼테르의 명언이다.

후반생을 살아가다 보면 실제 나이보다 마음의 나이가 어려서 작은 불행조차 극복하지 못하는 사람이 있는가 하면, 실제 나이보다 마음의 노화가 빨리 와서 무기력한 삶을 살아가는 사람도 있다.

한 분야에서 순조롭게 성공해서 명성을 쌓았던 분들 중에는 실제 나이보다 마음의 나이가 어린 사람이 상당히 많다. 자신의 분야와 관련된 것들은 능수능란하게 처리하지만 사회 구성원으로서의 일 처리나 불행에 대한 탄력성은 떨어진다.

전반생에서 눈앞의 일에만 몰두하며 살아오다 보니, 사회에 대한 다양한 경험이나 인생 전반에 대한 통찰의 시간이 부족했기 때문에 생기는 현상이다. 실제 나이에 맞는 마음의 나이를 찾지 못하면 후반생에 찾아오는 온갖 불행에 대해서 적절하게 대처할 수 없다.

품격 있는 후반생을 살기 위해서는 정신 연령을 높여야 한다. 봉사 활동 같은 사회 참여 활동을 열심히 하는 한편, 틈틈이 사색이나 명상 등을 통해서 인생 전반을 통찰해 보는 시간을 가질 필요가 있다.

인생은 어느 각도에서 바라보느냐에 따라서 다채롭게 변한다. 도저히 용납할 수 없는 일이나 받아들일 수 없는 슬픔도, 반대편에서 바라보면 뭉게구름처럼 그저 흘러가는 인생의 일부분에 불과하다.

반대로 실제 나이보다 마음의 노화가 빨리 와서, 무기력한 삶을 살아가는 사람도 있다. 인체를 총지휘하는 역할을 하는 전두엽이 위축되면 의욕과 창의성이 떨어지면서 마음의 노화 속도가 빨라진다. 만사가 귀찮고, 삶이 시들하게만 느껴진다. 이런 사람의 마음 한구석에는 '다 끝났다'는 생각이 자리 잡고 있다. 마음이 죽음의 언저리에 머물고 있는 것이다.

이미 인생이 끝나 버렸다고 생각한다면, 여분의 삶이니 새로운 일에 도전해 보라. 단조로운 삶으로부터 일탈을 시도하라. 어차피 끝난 인생, 손해 볼 일은 없지 않은가. 능동적으로 몸을 움직여야만 움츠러들기 시작한 뇌가 제 기능을 한다.

품격 있는 삶을 살고 싶다면 내 나이에 맞는 마음의 나이를 찾아라. 정신적으로 강해져야만 멀리 갈 수 있다. 젊게 사는 것은 좋지만 철없이 살아서는 안 된다. 정신 연령이 성숙한 건 좋지만 인생을 포기해서는 안 된다.

나이를 먹어간다는 것은 인격이 향기로운 포도주처럼 숙성되어 간다는 것이요, 마음의 눈을 떠서 점점 더 지혜로워진다는 것이다.

새로운 지식이 젊음을 찾아준다

—

"아니, 뭘 그렇게 열심히 보고 있어? 손님 들어오는 것도 모르고."

지인이 홍대 앞에서 고깃집을 개업했다고 해서 들렀더니 한쪽에 책과 잡지를 수북이 쌓아놓고 독서 삼매경이었다. 대충 훑어보니 소비 트렌드부터 패션잡지, 경제경영서, 미래전망서, 철학서, 역사서까지 종류도 다양했다.

"정신없이 바쁘다면서 독서할 시간은 있나 봐?"

"틈틈이 읽는 거야. 음식점 장사니까 음식만 맛있으면 잘 될 것 같지? 요즘은 손님 입맛이나 소비 트렌드도 계속 바뀌거든. 공부를 계속하지 않으면 살아남기 힘들어."

친구는 보험회사에서 일하면서 후반생을 차근차근 준비해왔다. 그가 꿈꾸었던 제2의 인생은 일식집 사장이었다.

퇴근하면 고향 선배가 하는 일식집 주방에서 아르바이트를 했다. 설거지부터 시작해서 음식 간 맞추기, 소스 만드는 법,

생선 손질하고 관리하는 법, 초밥 만드는 법, 보기 좋고 먹기 좋은 음식을 위한 플레이팅 기술 등을 차근차근 배웠다.

3년 남짓 준비한 그는 회사에서 명예퇴직 신청자를 받는다고 하자 망설임 없이 퇴사를 결정했다. 나이를 한 살이라도 더 먹기 전에 자기 사업을 시작해 보고 싶어서였다.

그는 반년 남짓 준비한 끝에 일식집을 차렸다. 함께 일할 종업원부터, 마케팅 전략까지 이미 다 짜 놓은 상태여서 출발은 순조로웠다. 그로부터 2년이 지나자 단골손님도 늘어서 예약 손님만으로도 일식집을 운영할 수 있을 정도가 되었다.

그러던 중 한일관계가 악화되었다. 일본산 불매운동이 벌어지면서 고객의 발걸음이 뚝 끊겼다. 그는 곧바로 폐업하고, 장소를 옮겨서 고깃집으로 업종을 전환했다. 한일관계가 단기간에 개선되기 어렵다는 것이 그가 내린 판단이었다.

주변에서는 만류했지만 결과론적으로는 그의 판단이 옳았다. 그가 주저하지 않고 과감하게 결정할 수 있었던 비결은 독서였다. 일식집을 하면서도 틈틈이 신문과 잡지를 읽었고, 퇴근 후에도 책을 손에서 놓지 않았다.

결국 새로운 지식은 다양한 손님들과의 대화에도 여러모로 도움이 되었고, 국내 정세는 물론이고 국제 정세를 판단하는 데도 결정적인 도움이 되었다.

물리학자이자 응용수학자로서 하버드 공중보건대학원 교수인 새뮤얼 아브스만의 《지식의 반감기》라는 책이 있다. 지식은 화석처럼 굳어 있는 것이 아니라, 살아 있는 생물처럼 끊임없이 성장하고, 붕괴하며 변화한다는 내용의 책이다.

절대불변의 지식은 존재하지 않으며 새로운 지식이 빠르게 등장하면서 기존의 지식 가운데 절반이 오류로 증명되거나 낡은 지식으로 변화하는 시기를 '반감기'라고 한다. 그의 이론에 의하면 물리학 13.07년, 경제학 9.38년, 수학 9.17년, 종교학 8.76년, 심리학 7.15년, 역사학 7.13년에 불과하다.

한 직장에서 오래 근무하다 보면, 까마득한 후배들로부터 '꼰대' 소리를 듣는 경우가 종종 있다. 요즘 어린 후배들은 단순하게 나이가 많다고 그렇게 부르지 않는다. 낡은 사고방식과 낡은 지식을 강요하기 때문에 '꼰대'라고 부르는 것이다.

어항의 물은 갈아주지 않으면 점차 썩어버리듯이, 지식도 제때 물갈이를 하지 많으면 썩은 냄새를 풍기게 된다.

'구르는 돌에는 이끼가 끼지 않는다'라는 속담이 있다. 한국에서는 '꾸준히 노력하는 사람만이 침체되지 않고 계속 발전한다'는 의미로 사용된다. 하지만 프랑스에서는 '떠돌아다니거나 직업을 자주 바꾸는 사람은 성공하지 못한다'라는 의미로 사용된다.

이렇듯 오래된 속담마저도 나라에 따라 전혀 다른 뜻으로 사용되기도 한다. 나이를 먹을수록 내가 옳다고 고집부리기보다는 내가 알고 있는 것이 틀릴 수도 있다는 생각을 항상 염두에 두어야 한다. 또, 시대의 흐름을 놓치지 않기 위해서, 혹은 품격 있는 후반생을 위해서라도 신지식으로 새롭게 무장해야 함을 잊지 않도록 하자.

헬렌 켈러는 "지식은 사랑이요, 빛이요, 통찰력이다"라고 말했다.

새로운 지식을 꾸준히 쌓아야만 급변하는 세상을 이해할 수 있고, 그를 바탕으로 지혜로운 선택이 이루어지고, 그 결과 행복한 미래를 기약할 수 있다.

모든 일은 생각하기 나름

—

이제 막 60대에 접어든 E는 아침 6시에 일어나서, 아내와 함께 아파트 뒤편 야산으로 산책을 나간다. 걷다가 아름다운 풍경이나 꽃을 발견하면 휴대폰으로 사진을 찍는다. 1킬로미터 남짓 걸어가면 주민체육공원이 나온다.

바람이 불지 않는 날은 아내와 함께 배드민턴을 치고, 바람이 많이 부는 날은 각종 운동기구를 이용해서 운동을 한다. 운동이 끝나고 나면 정자에서 주민들과 다양한 주제로 이런 저런 이야기를 나눈다.

집으로 돌아와 샤워를 한 뒤 체중을 잰다. 아침을 먹고는 아내와 함께 거실에서 차를 마신다. 아내가 아침 방송을 보는 동안 그는 SNS에 새로 올라온 글을 읽은 뒤, 산책할 때 찍은 사진과 함께 간단한 감상을 올린다.

점심을 먹고 아내와 함께 구청으로 간다. 아내는 구청 문화센터에서 야생화 자수를 배우고, 그는 우쿨렐레를 배운다. 수업을 마치고 나면 친구들에게 안부 전화를 한 뒤, 마을도서관으로 가서 각자 책을 읽는다. 그는 요즘 세계철학사에 흠뻑 빠져 있다.

해 질 녘 노을을 감상하며 집으로 돌아와 저녁을 먹는다. 뉴스도 보고 아내와 함께 드라마도 본다. 자기 전에는 '행복일기'를 쓴다.

요즘 그는 매순간이 행복하다. 중견기업에서 엔지니어로 25년을 일했고, 중소기업으로 옮겨서 4년을 더 일했다. 30년 가까운 세월을 일했지만 노후준비가 완벽하지 못하다 보니, 마음은 계속 일터에 있었다.

새로운 일자리를 알아보며 2년을 쉬는 동안 그는 조금도 행복하지 않았다. 그에게 일상의 소중함을 깨우쳐 준 것은 자동차 접촉 사고였다. 신호등을 건너려다 우회전하는 차에 가볍게 부딪쳤는데 다리에 골절상을 입었다.

깁스를 하고 병원에 6개월 가까이 누워서 지내다 보니 비로소 일상의 소중함을 깨달을 수 있었다. 그는 퇴원하면 모든 걱정은 접어두고 삶, 그 자체를 즐기기로 마음먹었다.

행복일기에 무슨 내용을 쓸까 잠시 고민하던 그는 '아내와 함께 귀가하는 길에 아름다운 노을을 볼 수 있어서 참 행복했다'라고 썼다.

뉴턴의 운동 제1법칙은 '외부로부터 힘이 작용하지 않는 한 정지해 있던 물체는 계속 정지 상태로 있고, 움직이던 물체는 계속 일직선 위를 똑같은 속도로 운동한다'는 것이다.

나는 여기에 착안해서 '생각 계속의 법칙'을 만들었다. '불행한 사람은 뇌가 계속 불행의 꼬리를 물고 늘어져서 불행해지고, 행복한 사람은 어떤 상황에서도 계속 행복을 찾아내서 행복해진다'는 것이다.

엄밀히 말해 이 세상에는 행복한 일도 불행한 일도 존재하지 않는다. 단지 그 사람의 뇌가 사건을 어떻게 받아들이고 해석하느냐에 따라서 행복한 일이 되기도 하고, 불행한 일이 되기도 한다.

일상은 무수히 많은 사건의 연속이다. 그 속에서 행복을 발견하느냐, 불행을 발견하느냐는 오로지 각자의 몫이다. 어떤 식으로 살아도 한평생이라면 불행한 나날들보다는, 행복한 나날들로 채우며 살아가는 것이 좋지 않겠는가.

후반생에서 발견할 수 있는, 가장 기초적이면서도 잔잔한 기쁨을 여섯 가지만 소개하겠다. 나머지 수많은 기쁨들은 보물찾기하듯이 각자의 삶 속에서 천천히 찾아보기를 바란다.

첫째, 배우자와 함께하는 시간

후반생의 가장 큰 즐거움은 배우자와 함께 '제2의 신혼기'를 보낼 수 있다는 것이다. 가족 부양에 대한 부담감도 덜어졌으니 배우자와 함께 홀가분한 시간을 보낼 수 있다. 건강이 허락된다면 함께 세상 곳곳을 돌아보라.

둘째, 운동의 즐거움

무리하지 않아도 꾸준히만 운동하면 조금씩 근력이 붙는다. 거울 앞에서 나이를 거꾸로 먹어가는 듯한 몸의 변화를 지켜보는 것도 은은한 즐거움이다.

셋째, 먹는 기쁨

삶에서 놓칠 수 없는 즐거움 중의 하나는 음식이다. 몸을 활발히 움직이고 난 뒤나 허기가 질 때, 좋은 사람과 함께하는 식사는 특별한 기쁨을 준다.

넷째, 배움의 즐거움

관심도 없는데 의무적인 배움이 아닌, 평소 배워 보고 싶었던 것들을 배우는 즐거움은 은은한 기쁨을 준다. 특히 손을 써 가면서 배우는 것들은 재미도 있고, 뇌 건강에도 좋다.

다섯째, 배설의 기쁨

신은 입과 함께 항문을 만들어주셨다. 맛있게 먹고, 시원하게 배설할 수 있다는 것은 건강하다는 증표다. 규칙적인 배설은 삶의 놓칠 수 없는 기쁨이다.

여섯째, 잠자는 즐거움

전반생에서는 대다수가 잠이 부족한 삶을 살아왔다. 그러나 후반생에서는 마음만 먹으면 잠을 푹 잘 수 있다. 피곤할 때 편안한 상태에서 잠들 수 있다는 것도 큰 즐거움이다. 깨어나면 또 신나는 하루가 펼쳐지지 않는가.

영국의 소설가인 휴 월플은 "행복은 사소한 일에서 곧바로 즐거움을 알아채는 것이다"라고 말한다.

작은 기쁨들은 봄 들판에 지천으로 피어 있는 야생화처럼 우리의 일상 속에 피어 있다. 그 꽃을 발견하고 미소 지을 때 행복이 슬며시 다가와 가슴에 안긴다.

불행 앞에서도 유머를 잃지 마라

—

대기업 홍보실 차장이었던 C는 40대 중반에 지방 영업점으로 발령받았다. 지방에서 3년을 버텼는데, 다시 섬으로 발령받자 품에 넣고 있던 사직서를 던졌다.

그 뒤로 건강식품 대리점, 의료기기 대리점, 화장품 매장을 했지만 모두 실패했다. 빚만 잔뜩 짊어지게 되자 아내와 말다툼이 잦아졌고, 결국 50대 중반에 황혼 이혼을 했다.

그는 노동일에서부터 전단지 뿌리기까지 각종 아르바이트를 하며 원룸에서 혼자 생활하고 있다. 비록 경제적으로는 어려운 처지지만 친구들을 만나기 위해, 향우회나 동문회를 비롯한 각종 모임에는 빠짐없이 참석한다. '이번 만남'을 놓치면 '다음 만남'은 영영 없을 수도 있다는 생각으로.

모임에 나가면 유머가 넘치는데다 밝고 쾌활해서 모두들 그를 좋아한다. 간혹 친구들이 이혼한 이유를 물으면, 그는 미국의 기업인 겸 미식축구 선수인 안드라 더글러스의 말을 인용해서 이렇게 대답한다.

"하루는 아내가 그러더라고. 나의 행복한 결혼생활을 방해하는 유일한 존재는 내 남편뿐이라고. 그래서 행복한 여생 보내시라고 내가 물러났지."

가을이 되자 일거리가 부쩍 늘었다. 작년에 일했던 농장에서 쾌활했던 그를 기억하고, 추수하러 와달라는 전화가 빗발치기 때문이었다.

"전원에 사셔서 그런지 마음 씀씀이도 다르네요. 수확의 기쁨을 나눠 주신다니 당연히 달려가야죠!"

그는 음식의 맛을 돋우기 위한 양념처럼, 불행도 인생에서 그와 비슷한 역할을 한다고 생각한다. 자신이 비록 지금은 힘든 나날들을 보내고 있지만 유머를 잃지 않는다면 언젠가는 다시 일어설 거라고 굳게 믿고 있다.

유엔 자문기구인 '지속가능발전해법네트워크(SDSN)'는 세계 행복의 날을 맞아 매년 〈세계행복보고서〉를 발간한다. 2020년에 발행한 보고서에 의하면 핀란드가 행복지수 10점 만점에 7.809점을 받아 1위를 차지했고, 한국은 5.872점을 받아 153개국 중 61위를 차지했다. 이 수치는 1인당 국내 총생산, 사회적 지원, 기대수명, 삶에 대한 선택의 자유, 관용, 부정부패

등 6개 항목을 합산한 결과다.

'개발경제협력기구(OECD)'의 '더 나은 삶 연구소'에서 발간한 〈2020년 삶의 질 보고서〉에서 한국인의 삶의 만족도는 33개 국 중 32위를 차지했다. 한국인이 자신의 삶에 매긴 삶의 만 족도는 10점 만점에 평균 6.1점에 불과했다.

한국, 일본, 덴마크, 브라질 국민을 대상으로 실시한 국제 비교조사를 보면 한국은 20대가 가장 행복지수가 높고, 나이 를 먹을수록 하락해서 60대가 되면 가장 낮았다. 다른 나라 에서는 60대가 되면 모두 행복지수가 상승했는데 한국만 특 이하게도 하락했다. 전문가들은 사회적인 기초가 취약한 데 다, 은퇴 연령은 빨라진 반면 노후준비가 부족하기 때문에 빚 어지는 현상으로 해석하고 있다.

몸이 아플 때 곁에 있어 줄 사람, 경제적으로 어려울 때 도 움을 청할 수 있는 사람, 외로울 때 대화를 나눌 수 있는 사 람이 주변에 없다 보니, 점점 섬처럼 고립된 채 후반생을 살 아가는 사람들이 늘어나고 있다. 한국의 노인 자살률이 세계 1위인 것과도 무관하지 않다.

후반생에서는 질병, 실직, 파산, 이혼, 사별, 경제적 빈곤 등 수많은 불행이 기다리고 있다. 설상가상으로 체력마저 점 점 떨어진다. 가뜩이나 힘든 삶인데 돋보기로 불행을 들여다

보고 있으면 삶이 지옥일 수밖에 없다.

'호랑이에게 물려가도 정신만 차리면 산다'는 속담처럼, 좋은 일이 하나 없는 삶이라도 불행에 통째로 먹혀서는 안 된다. 힘든 상황일수록 마음의 여유를 찾아야 한다. 유머는 내가 아직 삶의 통제권을 쥐고 있음을 나의 뇌세포와 주변 사람들에게 알릴 수 있는 유일한 신호다.

노후준비가 상대적으로 부족할수록 건강과 유머를 챙겨라. 건강은 현실적인 빈곤 문제 해결에 도움을 주고, 유머는 정신적인 빈곤 문제 해결에 도움을 준다.

미국의 철학자이자 심리학자인 윌리엄 제임스는 "행복하기 때문에 웃는 것이 아니라 웃기 때문에 행복한 것이다"라고 했다. 가짜 웃음이라도 터뜨리다 보면 뇌는 현재의 열악한 상황을 긍정적으로 해석하고 받아들인다.

힘들더라도 유머 감각을 잃지 마라. 머잖아 상황은 바뀌게 마련이다. 마지막까지 웃는 사람이 진정한 승리자다.

행복의 크기는 감사의 크기에 비례한다

—

　중견기업 생산관리팀 부장이었던 K는 50대 초반에 퇴직했다. 여러 가지 일을 전전하다가 50대 후반인 지금은 아파트 경비원으로 일하고 있다.

　원래 무릎이 안 좋았는데 근래 들어서는 잠잘 때도 통증이 찾아왔다. 망설이다가 병원을 찾았더니 '퇴행성 슬관절염'이라고 했다. 처방전을 받아서 집으로 돌아가는데 앞으로 살아갈 날이 막막하게만 느껴졌다.

　얼마 뒤, 대형마트에서 시간제 근로자로 일하던 아내가 가슴 통증을 느끼고 직원의 부축을 받아 병원으로 옮겨졌다. 진단 결과 심근경색증이었다. 혈전용해제를 맞고 며칠 뒤 퇴원했지만 재발 가능성이 높다고 하니, 여전히 불안하기만 했다.

　출근해서 경비실에서 난로를 쬐고 있으니, 30대 중반의 청년이 찾아와서 난방이 안 된다며 봐 달라는 것이었다. 그는 기전실 전화번호를 적어 주며 연락해 보라고 했다. 잠시 뒤,

그가 전화를 받지 않는다며 다시 찾아왔다.

"내일 해 보세요!"

춥고 귀찮아서 빨리 쫓아낼 요량으로 경비실 쪽문을 소리 나게 닫았다. 그러나 청년은 포기하지 않고 계속 봐달라고 졸랐다.

"그건 제 업무가 아니에요!"

"그래도 난방이 어떻게 돌아가는지 정도는 알 거 아니에요? 잠깐 올라가서 봐주세요!"

"아, 글쎄 내 업무가 아니라니까!"

말다툼을 하고 있는데 순찰을 돌던 경비실장이 다가왔다. 자초지종을 듣고 난 경비실장은 그를 매서운 눈길로 쏘아보고는 청년과 함께 그의 집으로 올라갔다.

순간, 참기 힘든 분노가 솟구쳤다. 그는 난로를 발길로 냅다 차면서 소리쳤다.

"젠장! 내가 대체 뭘 잘못했는데?"

나이를 먹으면 근육만 감소하는 것이 아니라 뇌도 위축된다. 뇌의 신경세포 수는 20대 중반에 최고조에 달한 후, 매일 10만~20만 개씩 감소한다. 뇌가 전체적으로 위축되면서 기능이 떨어지지만 계획을 세우고, 추리하고, 판단하고, 공감하고, 실행하는 등 인간으로서 살아가는 데 있어서 중요한 역할을 하는 전두엽의 위축은 인지기능 저하나 성격의 변화를 불러오기도 한다.

대뇌피질의 신경세포가 사멸하면서 뇌 용적도 줄어든다. 네덜란드에서 과학자들이 MRI로 관찰한 바에 의하면, 뇌 용적이 35세부터 한 해에 0.2%씩 줄어들다가 60세부터는 0.5%씩 줄어드는 것으로 나타났다.

신경세포의 집합체라 할 수 있는 대뇌피질은 회백질이라 부르고, 안쪽은 백질이라 부르는데 정보 교환 속도를 담당하는 신경다발이 자리하고 있다. 나이가 들면 부피가 점점 감소해서 정보 처리 속도가 떨어진다.

진보적인 사고를 지녔던 사람이 나이를 먹으면서 보수적으로 변하는 것도 뇌의 위축과 깊은 연관이 있다. 뇌가 축소되면 에너지 소모를 줄이기 위해서, 새로운 지식을 받아들이길 거부한다. 대신 자신의 지식이나 신념에 대한 믿음이 확고해진다. 따라서 새로운 의견을 수용하거나 새로운 방식을 받아들이기보다는, 자신이 알고 있는 기존 방식을 고집하게 된다.

반면 축적된 경험과 지식으로 인해서 문제 해결 능력이나 위기관리 능력, 예측력, 통찰력 등은 향상된다. 문제는 자신이 알고 있는 방식을 끝까지 고집한다는 데 있다.

나이를 먹으면 감정에도 변화가 일어난다. 편도체 기능의 둔화로 부정적인 감정이 감소하면서 세상을 낙관적으로 보게 된다. 감정을 컨트롤 할 수 있는 자기 조절 능력도 좋아져서 긍정적으로 사고하는 경향이 있다. 나이가 들면 안 좋은 일이 줄지어 기다리고 있음에도 불구하고, 행복지수가 높아지는 이유도 이 때문이다.

후반생에서는 대체적으로 전반생에서는 지나쳤던 작은 일에도 감사하는 마음을 갖게 마련이다, 그러나 앞서 4개국 국민을 대상으로 실시한 국제 비교조사에서도 보았듯이, 한국 사회에서는 그렇지 못한 사람이 상당수다.

그 이유는 불행한 후반생을 보내고 있기 때문이다. 불행이 시야를 가리고 있다 보니 감사하는 마음이 싹틀 여유가 없다.

불행하다고 느낄수록 사소한 일에도 감사해하는 습관을 길러야 한다. 감사하는 마음을 갖는 순간, 거짓말처럼 불행의 크기가 줄어든다. 또, 감사하는 마음은 외로움조차도 이겨내며, 마법처럼 연이어 좋은 일들을 불러온다.

밀러는 "감사의 역량에 따라 행복의 크기가 결정된다"고 했다. 사소한 것에도 감사할 때 우리는 더 많은 행복을 누릴 수 있다.

삶과 죽음에 대해 사색하기

—

50대 중반인 J는 호스피스 병동에 입원 중인 숙부의 병세가 악화되었다는 사촌의 전화를 받고 달려갔다. 숙부는 여든 살인데 말기 암이었다.

초등학교 4학년 때 아버지를 여읜 그에게 숙부는 아버지 같은 존재였다. 어머니가 식당을 차릴 수 있도록 도와주었고, 그가 상경해서 공부할 수 있도록 생활비와 학비를 대주었다.

의식을 잃었다가 잠깐 눈을 뜬 숙부는 희미한 미소를 지으며 그의 손을 잡았다. 턱짓으로 가까이 오라고 한 다음 그의 귓가에 대고 속삭였다.

"즐겁게…살아…. 가고…또…가도…오늘이…가장…좋은…날…."

숙부는 숨이 차서 뒷말을 마저 잇지 못했다. 기력이 떨어진 듯 다시 눈을 감았고, 한 시간쯤 지나서 숨을 거두었다.

장례를 치르는 동안 숙부에 대해서 좀 더 알 수 있었다. 아버지 형제들은 단명했다. 숙부는 작은 주물 공장을 했는데 누구보다 열심히 일했다. 하지만 쉬는 날에는 가족들과 함께 여행을 하거나 각종 취미 활동을 하며 신나게 삶을 즐겼다.

숙부는 3년 전 대장암 판정을 받았다. 절제 수술을 받고 완치된 듯했으나 다음 해 다시 병원을 찾으니 폐로 전이된 뒤였다. 병원에서도 손을 쓸 수 없을 정도로 상태가 안 좋았다.

처음 암 판정을 받았을 때도, 전이되었다는 소식을 들었을 때도 숙부는 이상하리만큼 담담했다. 슬퍼하는 가족들을 오히려 위로했다. 호스피스 병동에서도 다른 환자들을 돌봐주었고, 자신에게 통증이 찾아올 때는 좀 더 깨어 있고 싶다며 진통제 투여를 스스로 거부했다. 스스로 대소변을 가리지 못하는 처지임에도 품위를 잃지 않으려 노력했다.

숙부의 죽음은 그에게 많은 영감을 주었다. 그날 이후로 그는 틈날 때마다 숙부가 유언처럼 남긴 말의 의미를 되새기곤 했다.

그로부터 3년이 흘렀고, 그는 숙부가 왜 그토록 분주한 삶을 살았는지 알 것 같았다. 형제들의 단명은 숙부에게 '어떻게 인생을 살아야 하는가?'라는 물음을 던졌다. 숙부는 죽음에 대한 사색 끝에, 인생에서 가장 아름다운 순간은 '지금'이라는 사실을 깨달은 것이었다.

후반생을 살다 보면 장례식장에 자주 가게 된다. 부모님 세대가 죽음을 맞이하기도 하고, 때로는 형제나 배우자, 자식이 먼저 세상을 떠나기도 한다.

'인간은 모두 죽는다.' 당연한 진리임에도 불구하고, 우리는 이런 사실들을 애써 망각한 채 살아간다. 그러다 갑자기 죽음에 이르게 되면, 대다수가 좀 더 열심히 살지 못한 것과 죽음에 대한 준비를 해 놓지 못한 것을 뒤늦게 후회한다.

삶이 바빠서 죽음에 대해서 따로 생각할 시간이 없다면, 조문을 오고 갈 때만이라도 죽음에 대해서 진지하게 사색해 보자. 삶과 죽음의 연관성에 대해서 생각해 보고, 내가 오늘 당장 죽는다고 가정해 보자. 나는 과연 어떤 식으로 죽음을 맞이하고 싶은가?

역사상 가장 위대한 작가 중 한 명으로 꼽히는 톨스토이는 "삶을 깊이 이해하면 할수록 죽음으로 인한 슬픔은 그만큼 줄어들 것이다"라고 말했다. 결국 죽음도 삶의 일부분이라는 것을 말하고 싶은 것이리라.

예일대학교의 철학 교수인 셸리 케이건은 그의 저서 《죽음이란 무엇인가》에서 죽음이란 주제를 놓고 다양한 방식과 각도에서 접근한다. 하지만 이 책은 '죽음'에 대한 교양철학 강좌를 새롭게 구성한 것이다 보니, 죽음에 대한 주관적인 논리나 객관적인 해석이라기보다는, 생각의 힘을 키우고 인식의 폭을 넓히기 위함이 주된 목적으로 보인다.

저자는 책을 읽고 난 뒤, '그래서 결론이 뭐예요?'라고 물을지도 모르는 성질 급한 독자를 배려해서, '한국 독자 여러분께'라고 첫 페이지에 쓴 편지에서 짧고 명쾌하게 정리해 준다.

"죽음이 진정으로 모든 것의 끝이라면 그때까지 우리는 깨어 있어야 합니다. 때문에 나라는 존재가 누구인지, 그리고 내게 주어진 얼마 되지 않은 시간을 어떻게 보내게 될지 고민해 봐야 합니다."

나는 대학 다닐 때 에밀리 디킨슨의 시를 즐겨 읽었다. 하루는 '내가 죽음을 위해 멈출 수 없었기 때문에, 죽음이 친절히도 나를 위해 멈추었다'라는 시구를 읽고 나서 큰 충격을 받았다. 물론 그때는 그 문장 안에 담긴 의미를 모두 헤아리지는 못했나. 그래도 한 가지만큼은 확실히 알 수 있었다. 살아가다 보면 어느 순간, 죽음이 내 삶을 멈추게 하리라는 사실을.

후반생을 살아가고 있는 지금, 나는 좀 더 많을 것을 알고 있다. 내가 사랑했던 사람들, 가슴 뛰게 했던 무수한 것들, 기쁨과 슬픔마저도, 최소한 나에게서만은 죽음과 함께 흔적도 없이 사라져 버리리라는 것을.

　나는 가끔 품격 있는 죽음을 위해서, 품격 있는 삶에 대해서 생각하곤 한다. 죽음이 모든 것을 지워 버리기 전에, 아름다운 순간을 음미하고 싶다.

하산하는 즐거움

—

이번 생일로 내 나이는 93세가 되었다.

그 나이는 물론 결코 젊은 나이가 아니다.

하지만 나이는 상대적인 문제다.

일에 열중하며

세상의 아름다움을 만끽하고 살아간다면

사람들의 나이가 반드시

늙어 가는 것만을 뜻하지 않음을 알게 될 것이다.

나는 비록 93세지만 사물에 대하여

전보다 더욱 흥미를 느끼기에

나에게 인생은 더욱 매혹적인 것이 되었다.

파블로 카살스의 〈인생은 매혹적인 것〉 중에서

　같은 코스여도 산을 오를 때와 산을 내려갈 때의 풍경이 사
뭇 다르다.

　등산은 가파른 비탈길을 올라가야 하므로 심장은 고동치고,

호흡은 가쁘고, 입안은 바짝 메말라 가고, 머릿속은 산소 부족으로 인해서 경미한 현기증마저 일어난다. 무엇을 감상하고 자시고 할 여유조차 없다.

주저앉고 싶은 몸과 마음을 추슬러서 힘겹게 정상에 오르면 힘들었던 만큼의 행복을 느낀다. 고통스러웠던 순간은 정상에 부는 시원한 바람에 흔적도 없이 날아가 버리고, '해냈다'는 기쁨과 성취감만 남는다.

행복을 만끽하고 하산하는 길은 전신은 뻐근해도 마음만큼은 가볍다. 오를 때는 발견하지 못했던 풍경과 야생화, 그리고 땀에 흠뻑 젖은 채 숨을 헐떡이며 스쳐 가는 사람들의 표정이 생생하게 보인다.

고은 시인은 〈그 꽃〉이라는 시에서 '내려갈 때 보았네, 올라갈 때 못 본 그 꽃'이라며 하산의 즐거움을 노래한다.

늙어간다는 것은 세상의 중심에서 점점 벗어남을 의미한다. 사회적 역할도 줄어들어서 어느 순간이 되면 그 누구에게도 주목받지 못한다. 걸어온 길은 점점 길어지고 가야 할 길은 점점 짧아진다.

전반생은 계절로 치자면 봄과 여름이다. 인생에서 생명이 파릇파릇 피어나오고 생기가 넘치는 봄도 지났고, 무언가에 미쳐서 정열을 불태웠던 여름도 지났다.

후반생은 가을과 겨울이다. 아름다운 시절은 잠깐이고 추수가 끝나고 낙엽이 지면 혹한의 겨울이 찾아온다. 노후준비가 잘 된 이들은 따뜻한 온돌방에서 사랑하는 이들과 둘러앉아 맛있는 음식을 먹으며 겨울을 나겠지만, 미처 준비를 못한 이들은 병든 몸으로 매서운 칼바람 속에서 가난과 싸우다 여생을 마감해야 한다.

그래도 전반생은 전반생대로, 후반생은 후반생대로 나름의 즐거움이 있다. 내가 생각하는 하산하는 즐거움은 이런 것들이다.

첫 번째 즐거움은 줄어든 책임감과 늘어난 자유다. 무슨 짓을 하더라도 심하게 잔소리할 사람도 없고, 손가락질받지도 않는다. 내 시간을 온전히 내가 사용하고 싶은 곳에 사용하는 것, 이것이야말로 전반생에서 간절히 바랐던 삶의 방식이 아니겠는가.

두 번째 즐거움은 풍부한 경험과 다양한 지식이다. 긴 세월 동안 쌓은 소중한 자산이니 죽을 때 무덤에 갖고 가지 말고, 살아 있을 때 십분 활용할 방법을 찾아야 한다. 책을 쓰거나, 강연을 하거나, 다큐멘터리 영화를 만들거나, 유튜브를 통해서 경험을 공유하는 것도 괜찮다.

세 번째 즐거움은 상대방을 배려해 줄 수 있는 여유다. 웬만큼 늦어도 사정이 있으려니 싶어서 기다려 주고, 잔소리보다는 격려가 힘이 된다는 사실을 알기에 말없이 다독여 주고, 어지간한 실수쯤은 덮어주게 된다.

괴테도 "훌륭한 인간이 되기 위해서는 나이 먹는 것이 필요하다. 나는 실수를 범하려 할 때마다 그것은 전에 했던 실수라는 사실을 깨닫곤 한다"며 실수하는 것이 인간이라는 사실을 인정하지 않았는가. 나이를 먹으면 실수는 줄어들고, 이해의 폭은 넓어진다.

네 번째 즐거움은 '함께'의 소중함을 알게 되었다는 것이다. 전반생에서는 무소의 뿔처럼 홀로 살았다 하더라도, 후반생이 되면 사람의 소중함은 물론이고, 함께하는 순간의 소중함을 깨닫게 된다. 그래서 모든 만남이 즐겁다.

다섯 번째 즐거움은 어지간한 일에는 흔들리지 않는 삶의 내공이다. 살아가면서 고난을 극복해 나갈 때마다 내공이 쌓인다. 이러한 내공은 후반생의 온갖 불행을 행복으로 바꿀 수 있는 에너지로 활용된다.

늙어가는 것도 그리 나쁘지만은 않다.

마지막으로 한 가지만 더 당부한다면 죽음의 신이 데리러 올 때까지 세상에 대한 호기심을 잃지 말고, 끊임없이 공부하기를!

아직도 하고 싶은 게 많은 나이
오십을 처음 겪는 당신에게

초판 1쇄 인쇄 2021년 02월 22일
초판 1쇄 발행 2021년 03월 02일

지은이 한창욱
펴낸이 이부연
책임편집 양필성
디자인 여만엽, 김숙희

펴낸곳 (주)스몰빅미디어
출판등록 제300-2015-157호(2015년 10월 19일)
주소 서울시 종로구 내수동 새문안로3길 30, 세종로대우빌딩 916호
전화번호 02-722-2260
인쇄·제본 집우문화사
용지 신광지류유통

ISBN 979-11-87165-89-7 03190

한국어출판권 ⓒ (주)스몰빅미디어, 2021